识干家

企業閱讀　學以致用

边干边学做老板

一个小公司老板的日常管理

黄中强◎著

江西人民出版社

图书在版编目(CIP)数据

边干边学做老板:一个小公司老板的日常管理/黄中强著.
—南昌:江西人民出版社,2011.11
 ISBN 978-7-210-05010-0

Ⅰ.①边… Ⅱ.①黄… Ⅲ.①公司—企业管理 Ⅳ.①F276.6

中国版本图书馆 CIP 数据核字(2011)第 232982 号

边干边学做老板
——一个小公司老板的日常管理

黄中强 著
江西人民出版社出版发行
三河市文阁印刷厂印刷 新华书店经销
2012 年 2 月第 1 版 2012 年 2 月第 1 次印刷
开本:787 毫米×1092 毫米 1/16
印张:17.75 字数:210 千
ISBN 978-7-210-05010-0 定价:58.00 元
赣版权登字—01—2011—299
_____

江西人民出版社 地址:南昌市三经路 47 号附 1 号
邮政编码:330006 传真:0791-86898827 电话:0791-86898893
网址:www.jxpph.com
E-mail:jxpph@tom.com web@jxpph.com

(赣人版图书凡属印刷、装订错误,请随时向承印厂调换)

编辑手记

是否会有一位在商海中打拼十多年的成功老板，愿意把自己公司内的各种管理问题及自己的应对之策，一一如实讲给您听？

啊，真的有！

您手中这本书就是黄先生（本书作者黄中强）在历经多年企业经营实践后，花费3、4年时间将自己的企业管理经验教训于天涯社区"管理前线"版一一细数、娓娓道来。至今，黄先生的公司在日趋激烈的竞争中表现不俗，成功地完成了从产品向服务的转型，做得风生水起，因此他才有时间在天涯社区与其他企业界的朋友们分享他的经验。

黄先生的公司，有着数千万的年营业额、近百人的规模、遍布华北地区的销售和服务网络，可谓中小企业的成功代表。而作为老板，黄先生很善于学习和反思，并在实践中不断总结，他在面对问题时用到的解决办法其实正是他日常所想所悟的直接表现，他的这些经验也一定能为后来的老板、创业者带来诸多启发。

黄老板不是一个人在写作

我猜2008年7月22日，即当黄先生在天涯社区"管理前线"版以"小臭臭的父亲"为网名发出题为"一个小公司老板的日常管理"的第一篇贴子时，他一定没想到这个贴子竟会延续3年多，收到45万次的点击，近3000次回复。(向天涯网友们汇报一下：当见到黄先生一家时，我问道这就是传说中的小臭臭吧？黄先生的夫人笑着说，现在已经是大臭臭了！)

我相信黄先生的写作一定离不开那些受益于这个贴子并不断与黄先生互动的热情网友们。他们与黄先生所讨论的都是中小企业最现实、最常见、最细致入微的一些管理问题（我想这些问题一定是很多商学院教授们从未思考过的，因为他们很少关注中小企业）。为了感谢网友，更为方便您阅读，我们甄选出其中一些有代表性的讨论并以"作者与网友互动问答"为题列入本书附录。管理没有正确答案，只有"有效方案"，希望这些探讨能对您制定管理方案有所贡献，至少为您证实"其实别的公司也有一堆的问题"，帮您化解前进途中的孤独。

黄老板现身说法，宋博士专家助阵

黄先生的真诚融入本书的字里行间，但任何经验的有效性也都有一定的范围。为了能帮助中小企业读者更好地阅读这本书、参考作者的经验，找到适合自己的管理方法，我们邀请易中创业董事长宋新宇博士为黄先生的这本书做"推荐序"，并从宋博士的著作（宋新宇简单管理三部曲：《让管理回归简单》、《让经营回归简单》、《让用人回归简单》）中摘录出与本书相关的36段书摘，以"宋博士观点"为名，附在相关小节后，便于您对照阅读。

宋博士自己是老板，而且也是中小企业管理咨询的专家，与黄老板本不相识，但相信您一定能从书中看出"博士观点"和"老板经验"之间有许多相通之处。如果您的思路能借助这些源自不同视角的论述获得启发，我们的工作也就因此而有了更高的价值。

最后，说说书名

做老板不容易，做老板有乐趣，这是很多老板的心里话。难在哪儿、乐在哪儿，又一言难尽。您一定有所体会，正是因为不容易，所以才不断学习，并将所学所思用于实践，边干边学，不断进化。这种对自身成长的体验，也是做老板的一大乐趣。所以，当我们拿出几个备选书名在读者、网友中征集意见时，很多老板不约而同地选了"边干边学做老板"，这其实也是黄先生和我们的选择。

博瑞森图书
2011 年 10 月

什么样的书适合中小企业

在一次中国中小企业协会组织的关于中小企业转型升级的研讨会上，一位从事食品经销的老板提到：自己和团队希望通过阅读这种灵活、便捷的方式提升经营、管理能力，但目前市场上的图书良莠不齐；即便一些被媒体炒得火热的名家或国际流行的引进版图书，也和目前国内中小企业的实践有着一定距离；况且，虽然也有一些专为中小企业读者策划出版的图书，但很容易淹没在茫茫书海中，不易寻找。

这位老板的问题很有代表性。这里，我们为中小企业读者提供几点辨识图书的建议：

1. 辩作者：没有实践经验的作者不是好作者。

管理专家、企业家黄铁鹰教授有这样一个观点：看戏与唱戏是不同的，如果你想学唱戏，当然是要找唱戏的学，而不是去向看戏的观众求教。中小企业读者，当然要读"管理者"所写的书。

在我国，中小企业发展时间很短，相关知识的系统性程度低、经验化程度高，因而目前这方面的专家并不来自院校、科研单位、媒体等，而是来自企业。一些具备丰富企业经验的经营管理者、咨询培训师，边实践边总结，为中小企业量身设计出贴近实践的建议和方案，这样的作者才是值得信赖的作者。

2. 辩内容：不能指导企业实战的书不是好书。

适合中小企业的图书，一般有这几个特点：

- 宏观环境讲的少、微观操作讲的多；
- 普遍性理论讲的少、具体性案例讲的多；
- 国外情况讲的少，国内实际讲的多；
- 专业概念用的少、通俗语言用的多；
- 泛泛而谈少、深入实务多；
- 批判性抱怨少，建设性方案多。

当然，这些特点不能绝对化：中小企业也应关注宏观环境、学习理论知识、了解国外经验、总结一般规律等。但在一定阶段内，通过学习别人的成熟经验、结合自身情况，设计出简单、实用、有效的管理方案才是更重要的。

3. 辩定价：优质优价符合读者长期利益。

对很多作者而言，写作是个出力不讨好的工作，他们大多每日忙于企业管理、咨询项目或在各地授课，能够用于写作的时间很有限（我们很多作者都是利用假日、深夜或机场候机的零散时间写作的），如果不是读者的不断追问、图书编辑的软磨硬泡，一本好书不知要等多久才能与读者见面。而作者们得到的版税，有时连自己一天的授课费、咨询费都比不上。

原创经管类图书价格一般在 35 元~60 元区间，有的甚至更高。这是因为优质、高价符合读者长期利益。出版者挖掘好作者、好内容，并给予作者恰当的回报，这样的良性循环才能让作者乐于传播、分享自己的管理经验，让读者得到内行的帮助。而一些低质低价图书，它花费的不仅是钱，更是您宝贵的时间，甚至会误导您的决策。

"博瑞森中小企业管理丛书"就是我们专为帮助中小企业读者提升经营、管理能力而策划的。博瑞森图书愿与广大中小企业经营管理者及专家学者一起，用阅读助力明日冠军，为中小企业发展作出贡献！

推荐序

老板的进化

易中公司创始人、董事长　宋新宇

做老板的人当中流传一句话："如果你痛恨一个人，那就让他当老板"。做老板压力很大，做老板很累，做老板风险很高，做老板很孤独。我自己是中小企业老板顾问，同时也是一个管理培训公司的老板，我的感受是做老板不容易。

做老板的不易之处有三：一、老板没人管；二、老板没人教；三、老板的角色与该做的事情飘移不定，老板的角色必须随着时间推移不断变化，但没人提醒老板该如何改变和改变什么。这三个不易之处尤其是第三个，让在一个阶段里感觉已经找到经营企业万能钥匙的老板在下一个阶段里变得不知所措，因为原来灵验的做法突然不灵验了。

为什么原来灵验的做法现在不灵验了？

一个根本的原因是企业规模的变化使得原来的做法失效了。企业典型的发展轨迹是这样的：创业初期，老板只有事事亲力亲为才能找到业务和销售的突破点，找到这个点，业务就增长，老板也就忙起来了；为了更大的发展，老板就增加人手，但马上会发现自己虽然管业务很在行但管人却很不在行，等到老板好不容易改变了自己的角色，学会了授权，让下面这些人做出业绩的时候，又会发现人更多了之后自己好不容易摸索到的很好的直接管人的做法不好用了，他必须学习离自己喜欢的业务更远更抽象的东西如调整组织结构、定制度、设计薪酬、做绩效考核等才能应付；当企业再大一些，老板又会发现自己设计的、曾经很满意的、让企业上了一个台阶的东西又不够用了，而要把业务做得更细更好没有专业知识是不行的，老板也不可能去学习各个方面的专业知识，换句话说，老板必须为公司招聘并用好各个领域的专业人员，与此同时还必须更关注企业的长远发展。

总而言之，在企业经营的不同阶段老板应该学会做不同的事情。但问题是老板不知道如何划分不同的阶段，更不清楚不同的阶段里应该做什么不同的事情。在我的《老板学》课程中，我对老板有这样一个粗浅的划分，也许对大家有些帮助。

如果一个企业的人数在 30～50 人以内，我们可以称之为小老板（这个称谓没有任何的贬义，只是为了说明的方便），像这样规模的企业在中国有 2000 万～3000 万家之多。小老板的关键是找到企业的经营方向和经营模式，让自己的企业活下来。这个阶段，老板的管理其实并不重要，多数情况下老板在因为找不到业务的突破点而迷茫；之后便可能很得意，因为业务有了快速的增长；当人多起来的时候老板又开始迷茫，因为不知道该拿这么多人怎么办，通常这个时候就是老板转变角色的时候了。如果能完成转变企业就能再上一个台阶；如果不能，企业就会在这个规模上徘徊，慢慢变小甚至消失。

企业人数规模在 50～500 人的企业老板我们可以称为中老板，这类企业在中国的数量我估计在 100 万～120 万家左右。这类企业的老板要管的事情既有经营，也有管理：经营上老板要学会制定和细化战略，但最重要的是学会为企业发展增加资源（人、资金、技术等）；管理上要做的事情是学会为企业定目标，学会调整组织架构为企业设计新的沟通方式（会议及报告）以及加强沟通，但最重要的是学会管人的方法（招人+留人+培养人）；在这些之外，是不停地学习——不仅自己学，还要带领下属学。因为这个阶段是企业的爬坡阶段，很多专业的事情（人事管理、预算管理、信息管理等）还没有专业的人来做，但不做就会影响公司的发展，因此老板不得不在自己学的同时带领着同样不专业的下属学。

企业人数超过500人的企业老板我们可以称为大老板。我估计在中国这类企业的数量有20万~30万家。大老板应该学会做的第一件事情是为公司确定方向和战略性目标，绝不能延续以前的做法自己去制定具体的计划；大老板应该学会做的另一件事情是为企业打造管理系统（文化、监控、信息、人力资源等），通过系统让员工协调一致，而不是像以前管理具体的部门和人员那样；大老板应该学会的第三件事情是通过系统来激励、培养员工，而不是像以前那样亲自解决具体的问题。

你手中的这本新书《边干边学做老板——一个小公司老板的日常管理》，是一位虽然没有受过系统管理教育但有着十几年创业成功经验与失败教训的老板——黄中强先生的肺腑之言。黄先生已经成功走过做老板的第一和第二阶段。各位读者，如果你正处在创业阶段，或正在带领自己的企业从十几个人的小企业向中型企业过渡，或还在中老板阶段挣扎，我强烈推荐你阅读这本书。因为我相信这本书能让你通过作者真实的经验和教训避免一些企业成长过程中的错误，让你更准确地认识自己在未来应该做出的转变。这些来自实践的非常有用的几十个关于创业、用人、绩效、分工、激励、财务、营销、战略及日常管理等方面的做法和理念，可能和专家或教科书的观点并不一致，却能像我们第一次养孩子时从父母朋友处得到的很多实用的忠告那样，帮助我们的企业长大。

前　言

自己开公司做企业十几年了。最近发现企业的生存环境与前些年相比已经大不相同：以前机会很多，挣钱也容易，基本上只要敢干、能吃苦就能挣钱；而现在市场竞争日趋激烈，劳动力成本不断上升，企业经营上的各种新问题层出不穷，这些问题一下子全都摆在了老板面前。一旦老板处理不好，企业就有可能走下坡路，很快倒闭。

我这些年虽然读了不少管理方面的书，也参加了不少培训，但总觉得那些看起来放之四海皆准的大道理是专门为世界五百强准备的，在目前的市场情况下自己的小企业很难用上，绝大多数时候，自己企业遇到的问题还只能自己动脑筋想办法去解决。最近掰着手指头大致总结了一下，有以下几个问题最让我头疼：

一、行竞争越来越激烈，公司利润不断下滑；

二、员工对企业的归属感差，容易跳槽；

三、各种经营成本迅速上升，招人困难；

四、公司凡事都要老板操心，累死了；

五、员工闹着要涨工资，否则……

六、公司发展停滞了，总也做不大；

七、公司内部矛盾重重，内耗严重。

如何解决上述问题呢？我把自己平常采取的方法和随后得到的后果逐一记录下来，希望对与我一样经营着小企业的老板或大公司的基层管理者有所帮助。不过各位新创业的朋友读过我的文章后估计还会犯同样的错误。我只是希望大家犯的错误小点、过程短点，毕竟在岸上看过一百遍游泳教学片下水后还得喝点水才能学会游泳。

这世界上没有人比你自己更了解你的公司了，所以不要盲目迷信任何权威的人或理论，不要指望仅仅通过看一两本书或参加几次培训就能学会如何管理公司。学习只能改变自己的思想，提高自己的境界，而要管理好公司，不仅要静下心来仔细观察总结并制定出切实可行的管理制度和行动方案，还要坚持不懈地把制订的方案落实下去，在某种程度上执行比规划重要得多。几乎每个公司都有一厚本规章制度，但真正能严格执行的公司是凤毛麟角，好公司和差公司之间的区别可能就在于此。

另外还有一点非常重要：这个世界上没有任何一所学校或培训班是用来培养老板的，哪怕是 MBA 课程也只能培养出职业经理人，因为——老板是从实践中干出来的，不是培养出来的。

目录

■ 推荐序

■ 前言

第一章 创业初期的几个问题
❶ 注册何种性质的企业 / 3
❷ 千万不要抽逃注册资金 / 5
❸ 建立财务制度 / 8
❹ 公司里到底该不该用亲戚 / 10
❺ 提防商业诈骗 / 13
❻ 寻求与大公司合作 / 16
❼ 品牌代理 / 18

第二章 管人用人的经验与技巧
❽ 关于招聘 / 23
❾ 别把"人豺"当人才 / 25
❿ 公司里的八〇后 / 29
⓫ 留住骨干员工 / 32
⓬ 选好中层干部 / 35
⓭ 从老员工中选拔部门主管 / 37

⓯ 不介意并不"出彩"的销售主管 / 39
⓰ 把握好授权 / 41
⓱ 工资标准的制定 / 46
⓲ 不拖欠员工工资 / 49
⓳ 固定工资与浮动工资 / 51
⓴ 面对涨工资的压力 / 53
㉑ 股份制、分红与年终奖 / 56
㉒ 年薪制的好处 / 59
㉓ 年底给员工发多少钱 / 62
㉔ 保障员工的劳动权益 / 64
㉕ 小恩小惠难留人 / 67
㉖ 使员工利益与公司利益一致化 / 69
㉗ 激励政策须有前瞻性 / 72
㉘ 发现员工的优点 / 74
㉙ 工作效率和工作态度哪个更重要 / 76
㉚ 私下批评与公开表扬 / 78
㉛ 表扬的力量 / 80
㉜ 不患寡而患不均 / 82
㉝ 好马也吃回头草 / 84
㉞ 处理好员工之间的矛盾 / 86
㉟ 多组织活动有利于稳定员工队伍 / 88
㊱ 不轻易辞退员工 / 90
㊲ 慎用开除手段 / 93

第三章 销售管理的经验与技巧

㊲ 面对强力的竞争对手 / 97
㊳ 谈判中的几点常识 / 99
㊴ 从结果管理到过程管理 / 101
㊵ 规范业务流程 / 103
㊶ 控制应收账款 / 106
㊷ 压缩不良库存 / 109
㊸ 数据化管理的优势 / 111
㊹ 有些事情越透明越好 / 114
㊺ 细节创造的机会 / 116
㊻ 业务部门的考核方法 / 118
㊼ 非业务部门的考核 / 121
㊽ 强化对售后服务部门的管理 / 123
㊾ 给部门施压 / 126
㊿ 公司里的“鲶鱼效应” / 128

第四章 做好日常管理，公司就不会乱

(51) 引导员工自觉遵守公司制度 / 133
(52) 科技创新管理手段 / 136
(53) 销售部门的电话录音系统 / 138
(54) 尽量让下属用书面方式表达意见 / 140
(55) 规范公司员工着装 / 142
(56) 关于年会 / 144
(57) 考勤制度和休假 / 146
(58) 经费预算额度 / 149

❺❾ 财务制度之签字与凭证 / 152

❻⓪ 不要让开会成为负担 / 154

❻❶ 发牢骚与开晨会 / 157

❻❷ 业绩上墙 / 159

❻❸ 画小红旗和小蓝旗 / 162

❻❹ 培训和考试 / 165

❻❺ 老板的首要任务 / 167

第五章 老板如何把握公司方向

❻❻ 领军人才是开展新业务的前提 / 173

❻❼ 多元化：隔行不挣钱 / 176

❻❽ 公司不能让所有客户都满意 / 179

❻❾ 以客户为中心建立部门 / 183

❼⓪ 推行改革要慎重 / 186

❼❶ 改革的技巧：拉反对者下水 / 189

❼❷ 管理好分公司 / 191

❼❸ 从单纯追求规模到追求人均利润 / 194

第六章 做老板先要管好自己

❼❹ 老板的形象很重要 / 199

❼❺ 老板尽量唱红脸 / 201

❼❻ 避免当场做决定 / 203

❼❼ 维持制度的稳定性 / 205

❼❽ 学会说"不" / 207

❼❾ 不要奢望在公司内部交朋友 / 209

⑧ 不与下属争功劳 / 212

⑧ 办多大事做多大妥协 / 214

⑧ 注重和员工沟通 / 216

⑧ 平常心面对行业中的前下属 / 218

⑧ 老板和员工的区别 / 220

⑧ 心有多宽事业就有多大 / 224

⑧ 在学习中不断成长 / 227

■ 作者后记

■ 附录一：作者与网友互动问答

　　问答一：财务总监缺不了 / 231

　　问答二：80后员工怎么管 / 232

　　问答三：只要做，就有机会 / 233

　　问答四：怎么落实股份制？ / 234

　　问答五：真的不能奢望在公司内部交朋友吗？ / 235

　　问答六：怎么向老板提建议？ / 236

　　问答七：该给哪些员工股份？ / 237

　　问答八：关于规章制度和流程的执行 / 238

　　问答九：怎么杜绝售后服务人员干私活？ / 238

　　问答十：怎么与思想陈旧的员工"和平分手"？ / 239

　　问答十一：库存控制要合理化 / 240

　　问答十二：怎么对付公司里的亲戚？ / 240

　　问答十三：中层要与上下级合理沟通 / 242

　　问答十四：公司资产状况要向股东透明 / 242

005

问答十五：如何对付不讲信用的合作伙伴？/ 243

问答十六：要明确老板和员工的关系 / 244

问答十七：怎么让业务员认可提成比例？/ 244

问答十八：怎么制定销售目标？/ 245

问答十九：关于老板和员工的"人性"分析 / 246

问答二十：老板的许诺一定要兑现 / 247

问答二十一："别在意"弄虚作假"的表扬 / 248

问答二十二：开公司的目的是赢利 / 249

问答二十三：日常事务和战略问题哪个重要？/ 249

问答二十四：老板的"级别"/ 250

问答二十五：新管理人员如何在公司树立威信？/ 250

问答二十六：不同职位的员工的意见差别 / 251

问答二十七：行政绩效管理者如何处理部门间的矛盾？/ 252

问答二十八：管理业务员的几个有效方法 / 253

问答二十九：主管要强化自信心 / 253

问答三十：给新老业务员合理分配客户 / 254

问答三十一：开公司的乐趣之一 / 255

附录二：网友精彩评论

第一章　创业初期的几个问题

　　万事开头难，开公司也是如此。公司创立之初往往人员少，制度也不健全，在资金不足、销售渠道有限、抗风险能力差的客观条件下，更应该脚踏实地，在应对政策时不应投机取巧，业务上也应谨小慎微，防止陷入骗子的陷阱。创业之初首先要着力健全财务制度，选好业务的主攻方向等等，为今后的事业打下坚实的基础。

❶ 注册何种性质的企业

到工商和税务注册是创立公司的第一步，但是很多人在创业之初对注册什么性质的公司并没有一个明确的认识，这里简单说一下。

注册什么样的公司或企业应根据每个人的实际情况考虑，但这与企业今后的运营休戚相关。按照我国现行法律，共有三类性质的企业：①个人独资企业，②合伙企业，③公司制企业（其中公司制企业又分为：有限责任公司和股份有限公司）。

需要明白的是，个人独资企业和合伙企业都不用缴企业所得税（目前国家已将企业所得税率由33%下调至25%），所以企业在缴完个人所得税后利润就全归经营者所有了；而公司制企业赢利后首先要缴纳企业所得税，股东和经营者的工资和分红等收入还需再缴纳个人所得税。从税收这点上说，个人独资企业和合伙企业占有很大优势。

但凡事有利必有弊，个人独资企业和合伙企业在日常经营活动中需承担无限赔偿责任，而公司制企业只按照公司实际财产承担有限赔偿责任。也就是说如果你创办了一家个人独资企业或与人合伙成立企业，一旦经营失败欠下债务，若公司财产不够还，那么有可能你的房子和汽车等都会被法院强制拍卖用于还债；而公司制企业即使公司破产，股东个人财产也不会受到牵连。

这里有一个例子。

上世纪80年代河南曾经有五个同村的农民共同办了一个合伙企业，然后向银行贷款5000万元（真不知道当时如何贷出来的），那时利率非常高，存款的年利率都在百分之十几，更别说贷款了。后来企业经营不善倒闭，银行起诉后法院到他们五人家里追债，可五个人当时除了几间茅草房外几乎是一无所有，法院根本无法强制执行，于是大家该怎么过还怎么过。

到了90年代，其中一个农民重新创业，这次非常成功，几年下来公司年营业额好几个亿。正在他春风得意之时，法院找来了。原来银行发现他现在有能力还债了，再次起诉他并申请法院强制执行，当年的5000万欠款加上高额的利滚利，总额已经好几个亿了，比他现在公司的总资产都多。这个企业家不服，认为当初是五个人办的合伙企业，与目前的企业毫无关系，退一步说即使非要还钱他也只应承担其中的五分之一。可法院不这么认为，合伙企业中的每个合伙人都对企业的债务承担无限赔偿责任。

法律是无情的，企业家名下的房产汽车及其他所有财产都被拍卖还债，公司也归银行了。这真是"辛辛苦苦十来年，一夜回到解放前"，企业家想不开，自杀了。

但愿这种可怕的悲剧不要发生在我们身上。因此注册企业时不仅要考虑税收方面的问题，还要考虑自己所经营的业务风险有多大、个人是否把握得住，否则虽然眼前省了部分税款，但以后的风险却太大了。

❷ 千万不要抽逃注册资金

在公司成立之前,我们在某商店门市里租了几节柜台,用朋友公司的发票,小打小闹业务就开始了。每月挣的钱除去直接费用,再给朋友象征性地交点管理费,剩下的全是自己的,什么工商税务压根与我无关,轻轻松松,自由自在。

随着业务量的增大,这种方法逐渐不灵了。首先,由于是用别人的执照,公司的公章财务章不在我手里,每回要是与客户或厂家签个合同或到银行入张支票都得去朋友公司盖章,麻烦死了;其次,每月发票使用量越来越大,金额越开越多,朋友公司的财务开始抱怨不好做账。思前想后,还得自己注册一个公司,否则业务无法继续发展。

那时候注册公司可不是件容易事。工商局税务局门难进脸难看,每回排几小时队,递上的材料人家看一眼,几秒钟就给扔出来了——不合格,回去重新做。折腾了将近一个月,连公司名称都没核实下来。实在没办法,只能托人找中介。当时成立一个有批发发票的公司注册资金至少要50万元。我没有那么多钱,中介一拍胸脯,加点中介费,其他别管了。就这样,不到两个星期,所有的工商税务手续都办齐了,前后花了2万元。我想万事俱备,这下可以放开膀子干了。

几个月后的一天,我正在公司接待客户,进来两个穿税务制服的女人，为首的一个掏出证件晃了一下说：

"我们是税务局的，今天来查下账。"

我哪见过这个，赶紧叫会计搬来账簿，端茶倒水。

女税务问了问经营情况，开始翻账簿。没翻几页就找出了问题：

"你们注册资金是多少？"

"50万呀。"

"那怎么从账上看不对呀。资金都跑哪去了？"

资金跑哪去了？我心里想：我怎么知道中介把注册资金弄哪去了。

见我答不上来，女税务威胁道：

"你这属于抽逃注册资金，可是一种严重违法的行为，要往重里说呢可以吊销营业执照，往轻里说呢也得罚个十万八万，这样吧，账簿我们先带回去，过两天你到税务局来一趟。"说完两个女税务拿着账簿飘然而去，留下我和会计面面相觑。

赶紧托关系找人吧。还好，毕竟我是本地人，总能找着一些拐弯抹角的关系，费了不少力气终于把这件事解决了。办完后，女税务还不忘提醒我：赶紧把钱补上，否则将来其他税务查账还得出问题。可是钱能补上，公司成立时作为原始资料的凭证和银行进账单怎么补呀！

过了两年，税务局又来查账了，不过来的是另一拨人，再次发现注册资金对不上。这回有了经验，照方抓药，破财免灾，有惊无险。过后我想，这样下去也不是个办法呀，税务局又不是我们家开的，不能把所有人都搞定吧，人家要老来查账还不把公司给弄破产了。好在几年下来有了一些积蓄，赶紧注册了一个新公司并将原公司注销。这回吸取教训，从头到尾办得规规矩矩，再没什么漏洞了。

进入21世纪以来，企业的经营环境比原来好多了，只要按规矩交税，税务部门很少再到企业查账，即使查账也会提前通知而不会随意推门而入突击检查。不过注册资金这块还是要特别注意，不少人由于刚创业时资金不足而采用虚假资金注册，注册后再抽逃注册资金的方法办公司。这样做很危险，**如果想把企业长期做下去，抽逃注册资金问题永远是公司发展道路上一颗深埋的定时炸弹**，随时都可能被税务部门查出来而被引爆。这是很多首次创业的人特别容易忽略的问题。

❸ 建立财务制度

十多年前刚创业时我们也就两三个人，自己进货、销售、维修、跑银行，每天挣的钱都揣到自己兜里，心里挺高兴。当时凑不齐开公司的50万注册资金，于是就借朋友的营业执照，自己利用业余时间到外面学习了几个月会计基础知识就开始瞎做报表。

月底到税务局报税，报表一交，专管员看了两眼，开始问问题。问的问题我根本听都听不明白，更别说回答了。专管员一脸不高兴，看了我一眼问：

"你懂不懂？"

我赔着笑脸："不懂，不懂。"

"不懂你来干吗！换个懂的来。"

"好，好，下次一定换个懂的来。"

下个月我又瞎做了张报表去税务局报税。专管员显然对我有印象：

"怎么又你来了，公司会计呢？"

我只好顺嘴胡编："会计怀孕来不了，只好我来。"

"……"

实在受不了了，第二天我就找了个会计公司，一个月300元钱，以后再不用自己跑税务局了。

一直到公司十几个人时，我仍然让会计公司做账，公司只有一个出纳，没有专职会计和库管，这样看起来每年人员开支上能省不少钱。随后公司的业务开展得不错，账面上没少挣钱，自己心里很美。年底关账时却发现公司账上资金并没增加多少，再盘点库存和应收应付等后，总觉得公司总资产增长与自己估计的相差很多。问题出在哪儿呢？后来一次偶然的机会我才发现，原来公司里不少人私下挣黑钱，而且有人经常偷拿公司货物和钱款，这不由让我惊出一身冷汗。

很多创业的人都有这种经验，但凡公司规模超过十个人，老板一个人根本管不过来，如果此时没有完善的财务制度，那么整个公司就像个筛子一样，到处都是漏洞，大家你也贪他也贪，公司能剩下钱才怪呢。指望公司员工都像焦裕禄和雷锋一样思想境界高尚，门儿都没有！哪怕挣的钱提成给员工70%，他还会惦记剩下的30%。

这事让我彻底明白了**只有财务制度健全，让心术不正的人无机可乘，才能管好公司，才能让粒粒粮食都归仓**，否则那就是老板纵容员工贪污，能把好人都给带坏了。感谢我现在的会计，她工作极为负责，对公司钱财严格把关，公司才有了明白的经济账。我常想，下辈子再办公司，公司即使只有4个人，那一定是一个老板，一个会计，一个出纳，一个库管，打死再不省那点钱了。

❹ 公司里到底该不该用亲戚

对于初创业的小公司来说，招聘人才比较困难，自身条件摆在这儿，没有梧桐树怎能引来金凤凰啊。加上此时公司管理不是很规范，规章制度也不健全，各方面漏洞不少，这一阶段对于老板来说员工的忠诚可能比能力还重要。有没有一种员工既不在乎工资待遇又任劳任怨忠诚可靠？想来想去似乎只有自己的爹妈老婆大姑小叔了。所以小公司夫妻店很多，小公司里亲戚朋友很多，对于刚起步的公司，这些都是在所难免的。

对于亲戚的管理不是一般人能做好的，在这个问题上，我只有教训，没有经验。还好，老婆工作单位一直不错，世界五百强，对我的小公司没什么兴趣。公司刚成立时，我根据平时耳濡目染的各类情况，决定尽量不用亲戚朋友。后来公司到一定规模时，外地一个长辈打来电话，说她儿子（也就是我表弟）毕业一年，在当地我们这个行业的一个小公司当业务员，收入不是很高，希望来北京发展。我这个亲戚家庭比较困难，其中一个孩子因为特殊情况无法上班，而要来北京的这个表弟我原来见过，现在十八九岁，相当聪明，当时想公司正缺人，用谁不是用，个把亲戚还能影响公司发展？因此我爽快地答应了。

表弟刚来北京时，吃住都在我父母家，年轻人和老年人生活习惯不同，搞得我父母经常向我抱怨。过了一段时间，公司为家远的员工租了宿舍，我顺势将表弟也安排到公司宿舍，算是解决了问题。表弟人很机灵，又会来事，几个月时间就完全适应了公司环境，而且在部门里业务完成得很好，奖金提成总在前几名。

后来我发现，表弟经常在公司里表白自己与老板的亲戚关系，对同事吆五喝六，对部门经理主管也时常顶撞，公司其他员工非常不满，但碍于表弟的特殊身份没人敢管。为此我找他谈过几回，他都表示一定改正，不过收效不大。转眼一年过去，表弟在这个行业里已经如鱼得水，挥洒自如。这时，表弟找我说他在老家有几个同学，又聪明又可靠，希望带过来一起在公司发展。我想这是好事啊，来吧，照单全收。从此麻烦开始了。

表弟和他的几个朋友吃住都在一起，相互之间只说家乡话，公司里除了我谁也听不懂他们在说什么。而且他们虽在不同部门，但被部门主管察觉他们相互勾结挣黑钱。表弟非常聪明，他经常散布说公司管理层之间有矛盾，他是我也就是老板这一派的，让他的直接主管不要站错队，否则后患无穷。公司不少员工真被他唬住了，过了很长一段时间，问题才反映到我这来。公司对待挣黑钱之类问题一向是第一次罚款警告，第二次开除。我和表弟认真谈了一回，他拍胸脯表示绝不再犯类似错误。没过一个月，又有部门主管向我反映表弟的小团伙在干黑活，而且不但不避讳其他员工，甚至鼓励其他人一起干。

我真的很为难，再不管可真是养虎为患了，公司员工如果都像表弟一样干，那可就离关门不远了，我还指望公司做强做大，让和我一起创业的股东能买房买车老有所依呢。长痛不如短痛，一咬牙，我将表弟和他的小团伙成员陆续请出了公司，公司业务为此震荡长达半年之久。而表弟的父母也打电话来数落我半天，认为我太看重钱财，表弟不就是私下挣了点钱吗，都是亲戚，何必那么计较，弄得我无话可说。

曾经听过一位公司老总讲他在公司做大做强后如何对待公司里的亲戚。他的五六个亲戚在他创业时出钱出力不计得失帮他干，但公司做大后亲戚却跟不上公司发展步调，而且大都占据高位不好管理。这时，他采取牺牲钱财保全亲情的方法：岁数大的给一笔钱帮其另外创业，自己做老板；岁数小的公司出钱送到国外留学并负担所有开销，学成后再帮其在其他大公司找工作。此法一出，这一棘手问题顺利解决。高！

确实，如果没有高超的管理手段，亲戚朋友能不用还是不用吧，否则恐怕最后亲戚朋友也没得做了。

❺ 提防商业诈骗

由于市场竞争越来越激烈,现在的生意也越来越难做。我注意到,很多公司特别是刚成立的小公司的老板心态不是很好,经常为了生意的成功而忽略了风险,未能坚持正常的财务流程,这就给各种各样的骗子创造了机会,我就栽了不下三次。

刚出道时,我是和朋友瑞克合伙经营,身上所有的钱加起来只有一两万。这天快到年底了,我正在外面办事,接到瑞克的电话。瑞克的声音十分激动,告诉我他刚做成一单生意,卖了三台笔记本电脑,价值七万多元,能挣一万多呢。听完他的讲述,我虽然也很高兴,可是心底深处隐隐产生了一丝不安。

我问他对方付款了吗,他说对方已经付款了,是支票,他已电话核实了对方单位,没问题。快下班时我赶回了公司,看着桌上摆着的七万多元支票,我还是不放心,按着客户留下的联系电话打过去,很久才有人接电话,是个老太太,她告诉我这个号码是个公用电话!我的头嗡的一声大了,赶紧找瑞克问详情。瑞克打了一通电话后也傻眼了。

原来中午来了两个小伙子,到门市要买三台笔记本电脑,瑞克报完价后对方也不怎么砍价,直接掏支票要求交货,瑞克一看有利可图,马上调货,收了支票后只简单按对方提供的号码打电话核实身份,对方早安排一个同伙守在公用电话前接应呢。不到一下午，七万多块钱没了，赶紧到公安局报案吧。到公安局，警察看了看报案材料说：才七万多呀，放这吧。你们这些做买卖的，怎么这么不小心，不按规定支票到账后付货，总给犯罪分子机会，尽给我们找麻烦。你看我这几百万的案子还忙不过来呢，你们回去等着吧，有情况会找你们。从此杳无音信，事情也不了了之。

瑞克后来和我分开自己单干，期间又遇到过同样的事。几年后，瑞克举家出国到欧洲定居去了，他说那边人非常实诚，经济环境很好。

几年后的一天，我正在门市整理资料，进来一个二十多岁的年轻女士，她穿着得体，风姿绰约，业务员小毛接待了她。没过多久，小毛和顾客达成了一致，女顾客总共要购买两万多元的设备，由于支票已写好三万元整，她要求多出来的几千元折成现金给她。我问小毛："客户可靠吗？支票没到账前是不能提货的。"小毛说："客户没问题，咱可以复印她的身份证。再说她浑身上下都是名牌，手里的包就值好几千块呢。客户说她急等着用，如果咱们不当时供货，客户就到别的公司去了。"听完小毛的话，我想了想说："货可以现在给，现金必须支票到账后再支付。"小毛与女顾客一商量，对方说没问题。几分钟后，小毛将客户和设备送出了公司大门，客户打了个车走了。但从此以后，我再也没见过那位女士和我们那两万多元的货物，当然她留下的支票是空头的，身份证也是假的。

公司业务部有名老业务员，每年的销售业绩都不错，她手里有很多老客户和长期合作的经销商。一天与她合作过好几回的一位经销商又打电话过来要一万多元的货。这个经销商以前每回都是货到当即付款，没出过什么问题，但这次却不一样了。两天后，银行打电话给我们说该经销商的支票是空头支票，已经被对方银行给退回来了。我们赶紧给经销商打电话，结果根本就没人接听。上门一看，早已人去屋空，门口只有几个与我们同病相怜的供货商在徘徊。到公安局报案时才得知，针对该经销商的报案已经有好几起，原来那个公司经营不善资不抵债，老板从很多家公司调了一大批货低价变现后便卷钱跑了，我们还算是受骗金额较小的一家，真不知是不幸还是万幸。

公司成立十多年间，我们被骗也有好几次了。回头想想，每回骗子都是利用我们急于赚钱的心态诈骗成功的。对于此类事件，即使是报案也基本上于事无补。由于无法提供骗子的详细资料和警方觉得涉案金额较小而不愿全力调查，大都只是记录在案了事。看来在中国犯此类罪的成本并不是很高啊。现在随着银行对公司开户门槛的提高，单纯成立新公司开个户利用空头支票诈骗的似乎不多了，但经营不善在倒闭前扎一批货跑路的事件却层出不穷。所以大家还是小心谨慎点吧，否则一不留神半年一年都白干，弄不好没准公司就此关门大吉了。

总结经验，久病成良医，如今对于大部分骗子的把戏我一眼就能看出来，对于什么中大奖短信啦、"仙人跳"供求信息啦，民工挖着古董元宝啦我统统嗤之以鼻。所谓无欲则刚，不贪便宜就不易上当受骗，可是对于商人来说要做到"无欲"看来还是不可能的。在期盼有一个好的金融和经济环境的同时，平时小心谨慎点并不为过。

❻ 寻求与大公司合作

公司成立后,由于销售方法对头,我们的业务做得顺风顺水,业绩不断增长,几年后便在行业里有了不错的名声。当时并未选择品牌代理,一般是客户要什么就卖什么,什么挣钱就卖什么,效益倒也不错,公司的规模逐渐扩大。

其实从公司成立的第二年起,就有行业里的著名品牌陆续接洽我们,希望我们公司做他们产品的代理。

其中一次给我印象比较深:某世界五百强中国公司的项目外方负责人带着大区经理和翻译在一个下雪的冬日来到了我公司门市,他们在行业里相对来说介入中国市场比较晚,急于打开销路,所以希望我们公司成为他们的地区代理商,从而增加其产品在北京的销量。

他们有备而来,不仅列出了优惠的合作方案,而且还提供资金、广告、技术培训等多方面的支持,不过他们也提出了附加条件,其中重要的一条就是必须保证每年他们的产品在北京市场的销量。厂家提出的年销量对于我们来说小菜一碟。不过当时卖什么产品都挣钱,所以咱自我感觉良好,才懒得为那些厂家支持而给自己上套签订什么代理协议呢。所谓道不同不相为谋,双方由于缺少共同语言,会面不欢而散。

事情的发展往往超出人们的预料，几年后我才意识到自己当时错过的是一次重要机会。被我拒绝的厂商随后找到北京另一家与我们规模差不多的同行并签订了代理协议，之后两三年的时间里，在厂家的扶持下那家公司销量与规模都迅速扩大，不仅公司管理上了一个台阶，而且还取得了中央政府采购资格从而做成了行业里的老大。

三四年后，迫于形势我们还是走上了与厂家合作的道路。不过毕竟晚了几年，市场比原来难做了，厂家各方面的支持也比当初少了不少。但亡羊补牢，也算有所收获，在吸收厂家支持带来的各种先进而又系统的管理经验之外再加上我们自身的努力，公司在各方面取得了长足进步，超越了同行业中大部分竞争对手。回顾过去有时会冒出个念头：如果我们早几年就与世界五百强合作那会……

在销售领域小公司要尽快发展，如果没有自己独特的技术或特色，那最好的方法就是与大公司合作，做产品代理也是一种不错的选择，依靠大公司在各方面的支持，借助对方的声誉和市场迅速壮大自己。 大公司大多市场经验丰富，管理制度健全，操作流程规范，而且眼界开阔，资金雄厚，这些都是创业初期小公司所欠缺的。大树底下好乘凉，小公司利用自己小而灵活、经营成本低、本土化强的特点吸引大公司与自己合作，可很大程度上减小经营风险及前进道路上的盲目性，从而站稳脚跟并迅速壮大自己。

:: 宋博士观点：

对图谋快速发展的小公司来说，借大公司的力可谓是一个捷径。首先可以搭载大公司的销售渠道实现快速赢利，更重要的是能从大公司那里迅速学习到自身所欠缺的一系列制度和流程。

❼ 品牌代理

公司在运营过程中经常会面临各种各样的选择，选择对了，公司可能迅速发展壮大，选择错了，公司则可能会停滞不前甚至倒退，两者之间的巨大差异迫使我们在做决定时不得不小心谨慎，全面考虑。

每一个新品牌的崛起都会随之带动一批该品牌的代理商发展壮大。对一个销售行业的小公司来说，卖什么东西选择何种品牌是一个关键问题。

上世纪90年代末，我们公司每年的销售额已经达到每年几百万了，当时为使公司进一步发展，我们和一家著名品牌签订了代理协议。当时该品牌在北京同行业里市场占有率第一，代理体系的运作非常成熟，全线产品都比较畅销，客户到卖场经常点名购买。

签了代理协议后我想这下该挣钱了，如今门市已按该品牌专卖店风格装修，进货从厂家直接拿，销售时客户点名要，年底完成进货量厂家还有返利，这还不坐等着数钱哪。谁知经营了几个月后，我发现实际情况根本就不像想象的那么好，该品牌系列产品的市场零售价格竟然大部分比我的提货价都低，我们销售时就是平进平出客户都嫌贵，更别提送货安装的费用了。

向厂家反映情况，厂家回答说各代理从厂家的正常提货价格都是一样的，但年度返利和季度返利是根据每个代理商全年及季度提货量决定的，大代理为了完成年度销售任务经常将各种返利打到销售价格里，而且他们经常对某种产品一次下几百万甚至上千万的大单，以便拿到一个带折扣的特殊价格，所以市场上有可能出现一些低于提货价的销售价格。厂家希望我们也这么操作，即每次加大提货量。

听了厂家的解释，再算算自己公司账户里那点可怜的流动资金，我想还是趁早放弃吧。该品牌最大几个代理在北京市场的年销售额都在几个亿，我们每年几百万的销售额与之差出近百倍，年度返利的百分点和特价机的折扣都与他们差得太远，根本没有希望在与他们的竞争中获利。

几个月的人力物力算是白投了，还是重打鼓另开张吧。又经过很长一段时间的寻找，我们与行业里另一家厂商开始了接触。

这家厂商虽然也是世界五百强里的著名企业，但进入中国时间很短，产品认知度不高，在国内市场上处于起步阶段，我们每年几百万的销售额对于他们来说显得非常重要。双方交流几个回合后迅速在代理合作方面达成一致，该厂家不仅保证我们在北京市场拿到最低的提货价，而且每年的进货任务量并不高，完成任务后年度返利也非常优厚，同时还提供各种销售支持。

在代理协议签订后的几个月里，我发现虽然该产品销售时阻力比较大，但卖一个是一个，利润不错，而且客户购买后反应很好，回头客不少。几年合作下来，该厂家的产品在市场上销量越来越大，我们公司的年销售额也增长了近十倍，同时公司本身也迅速发展壮大，而且在管理上还上了一个台阶，真正做到了双赢。

一般来说，市场上销售的商品大体可分为拉力商品和推力商品：厂家有名、广告做得多的商品就是拉力商品，经常由客户点名购买；反之厂家认知度低、市场占用率不高而需要经销商费劲推的商品是推力商品。

小公司在做市场销售时经常愿意卖拉力商品，客户要什么就卖什么，哪个厂家最有名就做哪个厂家的代理，而有的进货价格不好的小公司为挣钱时常会想些歪门邪道来降低产品的销售成本。卖拉力商品虽然先期比较省心，但对小公司来说很难获得发展，上升空间早被一些行业里的庞然大物给堵死了，相对来说实力较弱的小公司很难超越他们。

但对于销售推力商品就不同了，此类商品市场认知度不高，销售起来比较费劲，大经销商不愿费力去做，这恰恰就给小公司提供了一个非常好的机会，由于不被大的销售公司重视，此类商品的生产厂商通常姿态也比较低，愿意给小公司更多的支持，而且推力商品通常卖起来利润很高，足以支持小公司快速发展。

所以小公司选择代理品牌时不妨根据自身实力和当地市场情况选择一些相对较小的品牌或当地的非主流大品牌，这样能扬长避短获得更大的发展空间，没准由于正确选择了代理品牌，自己的小公司能很快成长为行业里的大公司。

第二章　管人用人的经验与技巧

说到管理，就不能不说其最重要的一面，那就是管人。公司是由人组成的，而且每个人都有自己独特的想法，所以不论公司规模大小，管人都是绕不过去的必修课。这里包括人员的招聘、薪酬标准的制订、激励措施的运用以及人员使用的技巧等等，可谓纷繁复杂。管人对公司的运行至关重要，做好了事半功倍，做不好事倍功半，其关键还是要看用人者怎么结合公司的特点加以运用了。

❽ 关于招聘

随着公司规模逐渐扩大，招聘也就必不可少了。这些年没少招人，我发现招聘也是门学问，难题不少，道道也不少。

刚开始没有经验，每回招人都找最好的，工资一千多的售后服务岗位经常招些名牌大学本科生，还要求英语过四级。后来发现，这些人根本留不住。本来某些简单工作的岗位职校生完全能够胜任，招个重点大学本科生对双方都不合适，唯一的好处只是在写公司简介时方便吹牛。另外面试时应聘人员说的话不可全信，有时对方可能刚失去工作情绪比较失落，为得到新工作，他们什么都敢承诺。

某次公司招聘商务，岗位工资定为2000元左右，一个女孩投简历面试，本科学历，3年工作经验，上份工作在外企工资3500元，我问她这份工作的工资比上份工作低不少，能否接受，她毫不犹豫地表示没问题。从她的能力和工作经历看都比较适合这个职位，我就录用了她。半个月后，就在前任商务和她交接完工作没过几天她也提出离职，理由居然是觉得工资低，搞得公司非常被动。

重新招聘时我招了个原工资1500元的女孩，虽然不像上一个女孩一样是名牌大学毕业，但各方面能力也足以胜任商务工作。到现在近两年了，她还在该岗位，不但干得不错，而且对工资也很满意。

一般来说，大部分人找新工作时（经济危机时期除外）对于职位及待遇与原工作相比都是只能上不能下，能上能下的人太少了。

招人的经验是：宁可漏过一千，不可错招一个。据我的经验，**公司招聘如低一档用人，高一档发工资效果比较好**（也就是招三流的人才，干二流的工作，发一流的工资。当然，以上几流几流都是相对的）。**招聘时应不嫌麻烦，仔细核对应聘人员身份**。2007年我公司连续发生三起新员工携款潜逃事件，打电话找人时对方有恃无恐：反正我应聘时的身份证学历证家庭住址都是假的，你也找不到我，而且几千块钱的事警察都不管。到公安局一打听警察还真不管——不够立案条件。现在招聘，对于本地人公司都一一核实个人信息，对于外地人除核对个人信息外一律要有本地人担保，弄虚作假者一概不要。这样做尽管有些极端，但此举确实使本公司从此再没有发生类似情况。

❾ 别把"人豺"当人才

公司规模小时，我基本上都是靠亲戚朋友介绍或公司内部员工推荐的方式录用新员工，这种方法招人尽管效率不高，但招来的新员工都知根知底，对公司比较认可，人也比较可靠。后来公司规模大了，单靠熟人介绍已无法满足公司发展的需要，于是公司开始在报纸上登招聘广告，在网上发布招聘信息，大规模从社会上招聘公司发展所需要的人才。这种方法很好解决了公司的需求，但由于对新来员工了解有限，也产生了一些无法回避的问题。

2007年5至7月对我来说，是充满挫折的三个月。挫折不仅在金钱上，更在精神上。

2007年的五一刚过一周，销售部经理告诉我说他部门的业务员张某节后一直没来上班，打电话过去问，张某说他要辞职，以后就不来上班了。到财务部一查，节前张某做的一单生意客户还未结账，款额将近两万元。我赶紧与客户联系，客户说张某前两天刚把账结走，还在客户财务部签了字。我一听觉得不妙，不过又一琢磨张某来公司已经将近三年了，工作一直积极主动，人缘也不错，不应该呀。再与张某联系，张某说这些天脚扭了，过些天把货款送回来。第二天再给张某打电话却已经找不到人了。赶紧按照档案上登记的地址上门去找，结果他所居住的街道早已经拆迁，张某幼年丧母，父亲再娶，一家人形同陌路，互不往来，这下张某手机一关可真是人间蒸发。忙了半个多月，眼看寻人无望只能报案了。

6月了，张某还未找到，维修部又出事了，一个刚来三个月的外地员工卷了三千多元货款跑了。打手机联系，对方直言不讳：你们也别找我了，应聘时我留的所有信息全部是假的，就几千块钱你们就别再费精力了。挂了电话一查，该人的所有信息果然无一真实。此人是我亲自面试招聘进来的，他长得忠厚诚恳，谈吐得体，做事稳当，平时学东西很快，人缘也不错。一时间，公司内部风声鹤唳，大家互相间都瞧着对方可疑，轻易不敢派新招的外地员工出去结账及经手钱财。

厄运还没结束。7月底，维修部又一名尚未转正的员工焦某在结完三千多元货款后不辞而别。好在焦某是北京近郊人，家庭住址可查。虽然他更换了手机号码，可他在网上重新发布的求职信息被公司找到从而获得了他新的手机号码。打电话给他，他还挺横，说货款丢了，他没钱赔。问他什么时候能有钱，他说什么时候都没钱。于是我将他父母居住地的地址念给他听，告诉他如果这样的话，公司就直接找他父母去。这下焦某害怕了，马上承诺第二天到公司来解决问题。

这三件连续发生的事使得公司销售部和维修部情绪低落，其他部门也整天提心吊胆，也让我也对公司的运作方式产生了怀疑，对公司很多员工产生了怀疑。不过日子还得过呀，要是我自己都没信心，公司其他人就更不知如何是好了。

痛定思痛，我对连续出现的三件事仔细进行了分析。第一件是个偶然事件，事后得知，张某在外由于不良生活习惯花费较大，不光侵占公司货款，而且恶意透支了个人银行信用卡，银行也正在找他。第二件是由于公司自身招聘时审查不严，让心术不正的人有机可乘。第三件是受前两件事影响，让某些员工觉得私拿公司货款风险很小所以铤而走险。

赶紧亡羊补牢吧。首先，对公司员工进行一次全面审查，仔细核实每人的身份及家庭住址等；其次，从此以后招聘新员工，尽量要本地的，如外地人员应聘则必须有本地户口担保人提供担保，否则无论多么优秀也不录取。新员工录用后，再挨个核实家庭联系电话、父母联系电话，缺一不可（毕竟大部分人都有羞耻感，在外做坏事不愿让父母知道）。

几个月后，公安局来电话说张某被抓获了。其实抓获张某的过程很简单，当时他正在北京郊区某派出所对面的网吧上网，由于在网吧上网都需要登记身份证，他一登记，网吧的系统就显示该人正被网上通缉，所以张某在电脑前板凳还没坐热派出所的警察就站到了他身旁。

其实即使他此次没被抓住，以后只要他办理外出住宿、买房卖房、登记结婚、乘坐飞机、办理护照等用身份证的场合，都会被抓获。现在法制逐渐完善，办案手段越来越先进，心术不正的人真应该好好反省一下自己，毕竟每个人都要为自己的行为承担后果。

在采取了一系列措施后，公司气氛平静了，最近未再发生类似事件。

前两天，某外地分公司经理告诉我：其分公司开除了一个私留公司货款的员工。该员工在进公司前就有类似问题，招聘时分公司经理已从另一家公司了解到了，不过分公司经理觉得他年纪小，应该能改过自新，于是想再给他一次机会。进公司后，分公司经理还在各种场合试过他几次都没问题，也就放心了。最近，那名员工交了个女朋友，手头比较紧，于是故技重施，私留了公司几百块钱货款，但由于分公司财务制度比较健全，很快就发现了。被开除后，该员工的家长找到公司来大吵大闹，后听分公司经理说明情况后安静了下来，说："我明白了，这件事不怪公司，只怪我们做父母的没教育好自己的孩子。"

别把"人豺"当人才，选人实在很是重要。小心无大错，对于不诚实和品德有问题的人坚决不能录用，否则他就像一颗定时炸弹，你不知道他什么时候"爆炸"，而这个"爆炸"带来的恶劣后果往往是一个小公司难以承受的。

宋博士观点：

如果我们只有一条选人的标准，我相信，这唯一的标准应该是责任心。让一个本来没有责任心的人变成一个有责任心的人，即便有这种可能，也是一件十分困难的事情。大部分情况下，对大部分管理者来说，选用有责任心的人并对之加以培养，是更经济、更有效的做法。

❿ 公司里的八〇后

近两年来，公司里的八〇后越来越多了，他们基本上都是独生子女，与比他们大一些的七〇后、六〇后非独生子女员工差别很大。八〇后反应快、干劲足、办事灵活，但相对来说也比较自我、不忠诚、草率，很多时候他们表达不满的方式不是用嘴，而是用脚，经常是你今天刚批评完他，明天他就辞职不干了。另外八〇后员工说话比较冲，考虑问题一般都以自我为中心，表达意见时很少有顾忌。但员工中八〇后的不断增加是任何一个公司都无法回避的事实，如何用好八〇后成了很多公司一个无法回避的问题。

曾经有一回我问公司一个八〇后的员工：

"你希望做什么样的工作，希望通过工作得到什么？"

他回答说："做什么样的工作无所谓，只要开心就行，也不指望工作能带来多高收入，反正每月钱不够就找父母要。"

公司不少八〇后员工特别是本地的八〇后员工生存压力不是很大，家里有爷爷奶奶姥姥姥爷爸爸妈妈在金钱与物质上予以支持，根本不用考虑通过努力工作来养家糊口，虽然他们在金钱上没有更高要求，缺乏工作动力，但他们十分渴望得到其他人的认可，希望通过工作来获得别人的肯定与尊重。

公司有一个二十多岁的员工张冰工作能力不错，来公司一年多了，他头脑非常聪明，但总缺少责任感，一件事情布置给他以后必须跟在他屁股后面紧催才能按时完成，否则他总有理由拖拖拉拉。

一次公司接到一个小项目，需要四五个人才能完成，当时老员工手头都有任务，实在抽不出人，我灵机一动，决定让张冰带领几个新员工负责。我将张冰找来，将任务详细布置给他，同时明确告诉他说这个项目由你全权负责，这可是证明你能力的一个好机会，项目小组的其他人可都看着你呢，这回你当头一定要本着说给部下听做给部下看的原则严格要求自己，千万不能再懒懒散散。张冰十分兴奋地一口答应，并保证说按时完成任务。

一段时间下来，张冰果然一改往日吊儿郎当的工作态度，每天勤勤恳恳十分投入地带领他的小组努力工作，并在规定时间内较好地完成了项目。由于他这次表现突出，不久后公司提升他做了主管，接下来他通过努力不仅工作能力提高很快，而且对工作的责任心大大增强，现在已能在公司独当一面了。

每个人都有他的诉求，只不过不同人看重的方面是不一样的，毕竟生活中无欲无求四大皆空的人很少，只要能找准员工心底的期望，对症下药，不管是七〇后还是八〇后所有的员工都能迸发出工作热情，做好本职工作。

:: 宋博士观点：

作为管理者，一方面要教导八〇后的员工，让他们知道在企业和职场中会做人和做事才是第一重要的，告诉他们所谓的"职场潜规则"和"快速成功秘诀"是不存在的，相反要坚守做人做事的底线，相信"职场正规则",即诚实、积极、感恩、沟通、分享、出结果;另一方面不能一味抱怨八〇后员工,而要想办法调动他们的工作热情,发挥他们的潜力。

⑪ 留住骨干员工

这些年物价上涨，各项费用上涨，每个员工都希望工资收入大幅增加，但估计90%以上的小公司无法做到这点。面对这些压力，有时我这当老板的恨不得将公司大门一关，自己拿着资金炒股或炒房去，图个清静，还不见得少挣钱。

我曾经让销售部某员工提交一份门市承包方案，他做完后交给我时说这是他比较保守的一份方案，充分考虑到了公司和承包人的利益平衡。我仔细一算，差点把鼻子气歪了。按他这份方案计算，当整个门市毛利润在一万元时，门市销售的工资奖金就已经到一万五千元了，这还不包括员工的各项保险费用，而且门市利润越高，奖金提成比例也越高，所以无论门市利润多少，根本就不可能剩下一分钱给公司——而这还只是他"比较保守"的方案。**大部分人对金钱的追求是无止境的，让公司人人都满意是根本不可能的事。虽然如此，但我可以尽量让公司20%的骨干员工满意。**

首先发展骨干员工入股。我将公司股份买一送一，半价销售给骨干员工，五年内退股只退还本金，五年以上退股我按员工实际出资的三倍赎回，而且每年拿出公司纯利润的60%分红——反正有钱大家赚。不过享受权利的同时也得承担义务，股东一旦做了对不起公司的事，加倍惩罚，所致损失由股金中扣除。这招还真好使，在近五年里没有一个股东离职，而且公司重点岗位都有股东，管理上也省了我不少精力。

为什么不白送骨干员工股份？其实我并不是在乎钱，主要是白给的东西别人不珍惜，而且入股的钱又可作为押金，以防股东做出格的事，再说员工入股的钱不出5年即可通过分红收回，不投入哪来的产出啊。

曾经无意中听到某股东对其他人说：同行业的另一家公司要挖他过去，月薪比现在高不少，要不是他在公司有股份，这回就跳槽了。听了这话，我颇感欣慰：是不是股东到底不一样啊。其次大幅增加骨干员工的收入。虽然公司目前的运营状况无法大幅增加所有人的收入，但还是能保证骨干员工的收入高于行业平均水平的。公司在增加了骨干员工基本工资的同时，也对他们设定了更高的业务考核指标，提高了一线员工完成任务后的提成比例。这招效果相当不错，大部分人在领到年终奖后嘴角都是向上的。

其次是为员工提供发展空间。公司在不断壮大，新部门不断成立，老部门也在扩张，这就需要更多的管理职位。我们公司的干部一般都是在内部选拔产生，很少有空降兵，所以对于有发展前途的员工公司会及早提示他只要能力达到某个高度，就会在适当时候得到升迁。这样一来就给员工在公司坚持发展增强了信心。此外公司还规定，如果某个员工觉得自己在目前的岗位上不开心没有发展空间就可以随时提出来，公司会根据他的要求尽量在内部调换，好把他安排到他心仪的岗位上去。

两项措施实行后，效果相当明显，骨干员工特别是管理岗位的骨干员工流动性基本保持在了公司能够容忍的范围内，也因此公司的日常运作没受到影响。

∷ 宋博士观点：

  留住人才的关键，通常不在于我们使用什么样的手段，而在于我们的心态。当我们抱怨人才不忠的时候，要想一想我们是否给了他足够的报酬和关怀，是否让他有足够的理由留下来。如果我们解决了这个心态问题，方法、手段就是极易找到的。此外，还必须打造一个系统的留人机制，包括：事业留人；信任留人；激励机制留人；培训留人；职业设计留人；股权留人等。文中提到的"为员工提供参股的机会"以及"帮助员工设计职业规划，让他找到最适合他的事情和位置"，都是很好的留住关键人才的方法。

⓬ 选好中层干部

从普通员工中选拔中层干部，最开始我的原则是挑选能力最强的。

当初业务部壮大以后需要提拔一个业务主管，于是几个业务员中能力最强的小王顺理成章地被委以重任。几个月下来，业务部员工怨声载道，纷纷要求更换主管。原来，小王虽然业务能力很强，销售业绩突出，但为人非常自私，难以服众。比如安排部门人员轮流值日打扫卫生，大家都能遵守，但到小王值日时他自己却偷懒不干。我问他为什么自己不做，他说因为别人每天都打扫，自己值日时屋里非常干净，所以觉得没有再打扫的必要。公司有段日子经常需要装货卸货，大家一起装卸货时小王却都在打电话，一次两次尚可，但小王却次次如此，时间一长业务部其他员工当然不服气。

我与小王谈了几回，收效不大，小王从心里就不认为他有什么做得不妥当的地方，再拖下去实在影响工作，于是我只好更换业务部主管，安排老张接替小王。老张业务能力一般，但责任心比较强，不十分计较个人利益，与部门其他同事相处融洽。自打老张担任业务部主管之后，业务部虽然整体业绩没有太大增长，但日常工作安排得井井有条，省了我不少力气。

选择干部时都希望选出一个方方面面都很完美的人，比如选业务部经理就认为他应该不仅自己业务能力超强，而且能将整个团队带起来，让部门每个人都能彻底发挥潜力，业绩不断增长，同时业务部经理还应善于和公司其他部门协调关系，为本部门争取最大限度的支持。当然，能做到上述所有方面的业务部经理只在教科书或影视作品里才有，现实生活中很难找到十全十美的人，退一万步说，就是有这样的人估计一般小公司也用不起。

根据经验教训我觉得：**干部的选拔，百分之三十看能力，百分之七十看责任心**。一个人个人能力再强，如果没有责任心，不能从全局考虑问题，不能照顾他人及集体利益，那他也不能胜任管理岗位。一个人个人能力不是很强，但有责任心，能够容人，能够吃亏，那他就具备了成为管理人才的基本素质。**一个好的领导手底下应该人才辈出，恨不能手下每人能力（至少某一方面能力）都比领导强，这才能体现他的领导才能**。其实作为管理者，吃亏是福，应将利益尽量让给属下。如果打仗时指挥员每次冲锋时在最后，撤退时最先跑，他怎能指望士兵继续为他卖命打仗？

∷ 宋博士观点：

一个聪明的老板要做的，是不断地"推卸"自己的责任，让别人操起心来，让别人多干事情，让别人变得能干起来。但员工就像弹簧，老板强他就弱，老板弱他就强，之所以老板会觉得找不到能承担起责任的员工，是因为老板在用衡量自己的标准衡量员工。老板只有不用衡量自己的标准要求员工，才能做到真正的"推卸"责任。这里所说的把责任"推卸"给其他人，不是指一个人，而是指一群人。"推卸"责任的关键在于持续做公司的"组织建设"。

⑬ 从老员工中选拔部门主管

公司里几乎所有部门都有部门经理或主管，除了电话销售部，这主要是因为电话销售部里的几个业务员基本上是同时进入公司的，大家业务能力都很强，谁也不服谁，所以为避免不必要的争端，一直没有指派谁做部门经理。

慢慢地我越来越觉得这样下去肯定不行，部门没有负责人，既无法安排培训学习，也不方便召开部门会议，同时招聘的新人也没老业务员愿意带根本留不住，遇到需要与其他部门进行协调配合时还得我亲自出面。

当时正好电话销售部急需扩大规模，于是公司招聘了不少新人安排给几个老业务员来带，规定如果老业务员带的新人能独自完成公司规定的任务指标后就予以转正，每当上一个新人转正后公司再给老业务员重新安排新人，一段时间之内谁带出能转正的新人达到一定数量，谁就可以单独成立部门并担任部门主管；如果某人在规定时间内一个能转正的新人都带不出来，就直接划到别部门，归该部门主管领导。

这一下，业务员带新人的积极性空前高涨，整个部门的业绩得到了迅速提升。过了一段时间后，几个老业务员带人水平高低立判，水平最高的带出了三个合格的徒弟，水平低的一个合格的徒弟也没带出来，这时大家谁也没什么可说的了，按照当初的约定，电话销售部一共成立了两个分部，每个分部都有四五个人，整个部门队伍扩大了，主管也顺利地产生了。

:: 宋博士观点：

　　从老员工中选拔部门主管，这是在企业内部培养人才的一种手段。实际上，培育人才是我们每一位用人的人不可推卸的责任，也是我们作为管理者的基本任务。除了一些自己无法培养的专业人士之外，在企业内部培养人才比从外边招聘"空降兵"效果要好很多。

⓮ 不介意并不"出彩"的销售主管

公司销售部很长一段时间没有主管，十几个业务员都由我直接负责。不是我不想设立主管，而是总觉得部门里几个骨干能力差不多，没有特别突出的，并且由于行业的特点及本公司的销售政策决定了每个业务员基本上都是单打独斗，相互之间合作很少，日子长了业务能力强的几个骨干都变得比较"独"，谁也不服谁。而其他员工能力与几个骨干员工相比差得比较多，流动性也比较大，因此销售部一直无部门负责人。

于是每天我除了与其他几个部门经理沟通外还得对销售部十来个人事无巨细地过问，大事小事一箩筐，头都是大的。销售部有问题与其他部门协调时由于本部门无主管，其他部门经理经常不买账，地位不对等呀，于是又来找我，唉。

实在难以忍受，想想怎么也得提拔出一个销售部主管。

于是制定提拔标准，再根据业绩、能力及人际关系等考核，矬子里面拔将军，终于选出了一个主管，虽然能力方面不是很理想，先让他一边干一边培养吧。

一年过去了，主管并不十分出彩，但日常事务倒也管得井井有条。原来公司到货时需要卸车，销售部公共区域卫生需要打扫，节假日值班安排等日常琐事都需要我亲自去指派，有时还得又唱红脸又唱白脸。现在好了，有部门主管了，既然主管每月多拿几百元岗位津贴当然就得承担更多责任,"食君之禄,担君之忧"嘛,我只要找到销售主管,让他安排就行了。此外如联系厂家安排新产品培训、与其他部门协调等工作我都交给销售主管去做,这一年来也未出什么大娄子,终于将我从销售部的日常管理中解脱出来了。

人的能力不是天生的,后天的锻炼尤为重要。在公司的管理中,如果你能为下属提供一个相应的平台,他往往也能给出相应的成绩。

宋博士观点:

管理的技能不是天生的,而是可以后天学习的。要把一个业务骨干培养成一个好领导,可以从以下几点做起:

一,在骨干上岗之前做一个管理者培训,让他从理论上知道管理者的任务、原则、技能、工具和方法;

二,给新提拔的人分配一个有管理经验的师傅,让师傅带徒弟,让有管理经验的人手把手地教他;

三,要让这个人不断地琢磨、学习、反省、感悟、试错;

最后,要给他成长的时间。

❶❺ 把握好授权

授权对大部分老板来说，并不是一个陌生的词，但我感觉，真要敢于放权和做好授权都不是容易的事。

记得在十来年前公司刚有十几个人的时候，全公司我最忙，经常同时接两三个业务电话，还得安排送货、结账、进货，每天来得最早，走得最晚。

一次我弟弟到公司找我，而我正忙得不可开交，他等了半天都没跟我说上一句话，感慨道："哥，我怎么觉得你在养活公司所有人哪？"我当时还挺自豪，感觉自己在公司位置很重要，谁也替代不了我，公司离了我将无法运转。那时候似乎只相信自己，总觉得自己的零售能力最强，只有自己才能使每单生意都获取最大利润，维修调度也只有自己安排才最合理，似乎什么事情交给其他人干都不放心。

四五年下来，结果公司一直在原地踏步，不仅自己累得要死，节假日也休息不好，而且公司员工感觉备受压抑，经常无所适从，稍微重要点的事都推给了老板。

眼见公司始终无法突破十来个人这个发展瓶颈，我终于下定决心：放权！不过刚开始时在边上看员工做事真着急啊，明明能谈下的客户销售人员就是差那么一点谈不下来，我恨不得立刻自己冲上去。但是该忍还得忍，千万不能操之过急，否则手下员工如何进步。一段时间下来后，情况终于大不一样，员工们处处生龙活虎。

现在客户找我询价买东西，我会经常回答说："哎呀真对不起，价格我现在不知道，我给你介绍个销售人员，然后让他跟你联系吧。"

由于脱离开了具体业务，如今我不仅有了空闲时间学习充实自己，也能时常出去走走，与同行交流交流，寻找更多的发展机会，节假日还能踏踏实实休息与家人度假旅游了。而最让我欣慰的是公司业务并未因我不插手每个细节而停滞不前，这些年不但公司员工人数增加了不少，每年的流水额和利润也大幅增加。

一般来说小公司发展过程中15人是个槛，50人是个槛，200人又是个槛，在这些槛面前如果管理方法不改进，公司则无法进一步发展。老板凡事亲力亲为的公司，很难过15人。一个人能力强，可直接管理十来个人，能力一般，则只能直接领导四五个人。

从古到今各个国家效率最高的部门就是军队，看看军队的组织结构：一个班十一二个人，除班长外还有一个副班长，三个班一个排，三个排一个连，依此类推。团长管一千多人，可能只认识其中百十来人。团长看见某个士兵有问题，通常不会直接骂士兵，他只会问该士兵是哪个营的，然后骂士兵所在营的营长，营长则再骂连长，连长骂排长，如此一级管理一级，最后班长把该士兵"剥皮"了事。所以训练有素的军队尽管有千军万马，依然能做到令行禁止。

该放权就得放权，哪怕员工只能做到你的70%，能让员工承担还是尽量让手下员工承担，毕竟几个或几十个70%要比一个100%多得多，如果凡事都由老板自己做，公司一辈子也做不大，老板就是浑身都是铁能打几颗钉呀。

敢于放权其实只能算是走出了第一步，放好权和放权的技巧则更难把握。

两年前，公司成立了大客户部，抽调了四个人专门负责开发公司老客户中重点客户的消费潜力，促使其从我公司再次购买，新部门由小齐负责。小齐做客户关系很有一套，很多客户在小齐去过之后都在公司回访电话中表明下回希望再派小齐为他们服务。当时我想，既然小齐自身能力这么强，带几个人管理一个小部门应该不成问题，于是我就来了个彻底放权，大客户部的事全权交给小齐处理，我不再过问。

两个月过去了，大客户部业务毫无起色，除小齐外，其他人基本没开张，我问小齐原因，他说正在努力，其他员工业务不太熟练，估计很快会有成绩。第三个月过去了，情况依然如旧。第四个月按规定该开始正式考核每个人的业绩了，眼见希望渺茫，大客户部员工竟然在第四个月集体辞职，只剩下小齐一个光杆司令。

想想这回大概是过度放权了，从这三个月来看，小齐本身比较懒散，部门从不开会交流，对部下很少辅导，与公司其他部门沟通也不够，很多现成资源没利用上，部门其他人基本是在无人管理的情况下自己摸索，遇到困难当然容易泄气了。

看来想要通过简单授权一劳永逸是不行的，还要在授权后不断观察，听取意见反馈，如有问题，及时做出调整，问题严重时迅速干预，这样才能达到预期效果。

相对于过度授权，有时我们又会感觉这权授不出去。经常会有下面这种例子。

经理安排张三负责去办某件事，过了一会，张三又回来找经理了：
"经理，你让我办事可我遇到了这种情况，你看怎么办？"
经理习惯性的就把事又揽过来了："这样啊？让我考虑一下。"
张三没事了，经理开始费脑筋琢磨起来。经过一番思考，经理想出了对策，于是他把张三叫过来，吩咐他如此这般去做。张三领命而去，过不久，张三事情没办好回来汇报了："经理你看，我这回完全按照你的吩咐去做，结果事情办砸了，你看……"
此时经理该有多郁闷哪。

其实遇到这种情况，各种教科书上都给出了基本相同的标准答案，有经验的管理者一般也会采取大同小异的方法。

当张三回来找经理反映情况时，经理一般应一脸诚恳地反问张三：
"你说这种情况应该怎么办？"
待张三列举了处理问题的几种方法后，经理再说：
"根据目前情况，你觉得采用那种方法最好？"
张三于是费尽脑子权衡利弊选出了一种方案，经理满脸信任地说：
"很好，就按你说的办。"
待张三办完事后，如果成功了，经理拍拍张三的肩膀，大声鼓励道：
"我就知道你能行。"
假如失败了，经理如果想留张三，他就说：
"这件事情虽然是你提的方案，但我也是点过头的，所以失败的责任由我来负。"张三一定感激涕零。

如果经理不想再用张三，嘿嘿……

:: 宋博士观点：

如果一个管理者意识不到授权的重要性，不明白为公司培养人的责任，那就很可能成为公司的瓶颈，并且管理者的能力越强对公司造成的负担越大。至于如何授权，管理者首先要把自己承担的责任分解给各个部门经理去做，其次要持续做好公司的组织建设，最后要引导这些部门设计出合理的制度和流程，建立良好的公司文化，以便让这些部门间的合作畅通无阻，不再是事事找老板。

❶❻ 工资标准的制定

就目前的趋势来看，人工成本增长很快，我从公司的费用统计可以看出，员工工资奖金所占公司每月总费用比例已由10年前的30%增加到目前的60%至70%，而且还有不断上涨的趋势。制定工资标准这件事估计是每个公司老板最头疼的事，特别是在目前经济形式下，工资定低了，别说现有员工留不住，就连新人都招不到，工资定高了，开公司不仅不挣钱，老板还得往里搭钱，与其这样还不如把钱存银行吃利息呢。

2008年新的劳动法实施了，公司给每个员工上五险一金，我算了一下，公司为此花在每个员工身上大约至少一千元左右，也就是说如果员工每月到手的收入为2000元，公司实际支出至少为3000元，额外1000元的支出员工看不见，而且员工一般也不认为那1000元是自己的工资收入。好在公司五六年前就开始陆续为公司员工缴纳保险，所以在执行新的劳动法时并未感到额外增加了很多负担。

一个公司员工的工资一般都由两部分组成：固定工资和浮动工资。这二者所占工资的比例一般因公司的大小而异：小公司员工固定工资一般占工资总比例的30%，浮动工资一般占工资总比例的70%；大公司员工固定工资一般占工资总比例的60%，浮动工资一般占工资总比例的40%。

这两种方法各有利弊。对于小公司来说，自有资金少，抗风险能力低，所以员工固定工资定得比较低，当公司效益好时，员工的浮动工资水涨船高，总收入也随着增高；当公司效益不好时，员工的浮动工资应声而落，公司在收入下降时有效地控制了人工成本。对于大公司来说，公司家大业大，所从事的行业利润较高，吸引和留住人才是首要任务，对人工成本的顾虑相对较少，所以愿意为员工提供高一些的固定工资，增加公司对人才的吸引力。

其实有时小公司员工虽说名义工资较低，但总体收入并不比大公司员工少。这也产生了一个有趣的现象：经济危机来临时，大公司一般需要不断裁员以降低人工成本抵御寒冬，小公司根本不需裁员而只要维持低固定工资。在很多的小公司，员工几个月拿不到奖金提成等浮动工资自己就跑了。

我现在就面临一个两难的局面。公司本身说小不小说大不大，一直以来采取的都是低固定工资高提成的方法，每当招聘时问题就来了：虽说员工整体收入并不很低，但固定工资少，招聘时应聘者一般最关心的就是固定工资，说低了根本招不到人，说高了总不能一进公司的新员工基本工资定得比老员工都高吧，而且公司员工与同行或同学朋友交流时，一说自己的基本工资都觉得抬不起头。没办法，看来不改不行了。目前招聘时只能采取一些临时的补救方法，不提基本工资，只提基本收入，新员工入职后再在基本工资基础上以奖金等形式增加其收入。不过这终非长久之计，2008年以来，公司所有员工的基本工资已增加了将近15%，2009年计划大幅度提高公司员工的基本工资，降低各项提成比例。以后一旦公司效益不好，高昂的人工成本就得老板我率全体股东自己扛了。

对于员工工资中的各项奖励提成比例，根据我的经验，一般应采取简单明了的计算方法，尽量减少考核项目。有时自认为设计了一套非常科学全面的考核方法，对员工日常的各种行为都有涉及，结果月底财务反映项目太多，计算太复杂，根本无法执行，员工则觉得工资计算方法云山雾罩看不懂。所以我认为，**设计奖金提成时需抓大放小**，至少应让员工月底能明明白白计算出个人当月收入，让财务人员能在尽量短的时间内完成统计计算以便每月准时核发工资。

❶❼ 不拖欠员工工资

其实这一条是当老板最基本的素质，估计每一个老板都不会反对这一点（至少在口头上不会反对），但实际情况是很多老板却做不到。

公司在日常运营时，会经常遇到资金紧张的情况，比如月底或年底想压一批货从厂家拿个高额折扣、回款未到账、银行贷款到期需立即归还等等，所有这一切对于老板来说都是不能及时发工资的理由。老板一般想：又不是不发工资，只不过稍微晚几天，公司资金紧张，员工应该理解。正常情况下，老板兜里的钱总比员工活分些，所以老板经常想当然认为员工晚拿几天工资没关系。但真实情况是：无论任何理由，对于不按时足额发工资，员工都无法理解。员工的工资不是老板赏赐的，而是他辛苦工作所得，没准他正等着到日子拿工资交房租、还按揭或支付孩子的学费。未能及时领到工资员工可能马上就会面临生存问题。

那么如果碰到资金紧张时该怎么办？一般情况下，做生意量力而行吧，有多少本挣多少利，不行就找银行贷款。如果银行贷不到款，也可从公司内部或亲戚朋友之间集资，讲明用钱的地方，谈好借款期限及利息，大部分员工对于公司有把握的业务还是愿意参与的。到月底实在发不出工资，如果公司还想继续做下去，老板还是先从自己做起把私房钱拿出来吧，还不够把房子车子先典当了，资金周转过来再赎回。

拖欠工资这事有点像吸毒，有了第一回就会有第二回，只要资金一紧张老板就会用拖欠员工工资来缓解，结果几次下来员工对公司和老板的信任荡然无存。**调查表明，员工对于公司最无法容忍的就是拖欠工资，这也经常是某些企业人员流动性大的最主要因素。**

⓲ 固定工资与浮动工资

固定工资与浮动工资是公司员工月收入的两个组成部分，每个公司给员工发的工资都包括这两项，只不过不同公司工资这两部分的比例不同罢了。

我公司对于业务部门等一线员工一直采取的是低工资高提成的薪酬发放方法，这种方法有不少优点：

第一，对员工激励效果明显。当月完成任务好当月提成就多，一放松收入立刻下降，所以员工每月的压力都不小，不敢松懈。

第二，公司固定成本低。销售淡季由于一线员工固定工资低，而且一线员工人数占公司员工总人数的80%，因此公司销售淡季时整体人工成本降低，能更好地抵御风险。

但随着公司的不断发展和市场环境的改变，低固定工资高提成方法的缺点越来越明显。

第一，员工觉得没有保障。辛苦多年，固定工资仍然很低，因而对公司的归属感不强，一遇别的公司挖墙脚，只要基本工资比较高，员工容易跳槽，从而造成员工流动性大。

第二，招聘新员工越来越困难。老员工收入不低但基本工资一直很低，新招聘的员工基本工资也无法定得比老员工高，所以招聘时公司公布的基本工资没有吸引力，招聘不到高素质员工。

最近参考了一些案例，发现大公司业务部门员工与小公司业务部门员工在月工资组成部分比例上的一个普遍差别：大公司员工月收入固定部分占总收入的60%，浮动部分占40%。小公司员工月收入固定部分占总收入的30%，浮动部分占70%。对照一下自己公司，一线员工每月固定工资与浮动工资比例还真挺符合小公司平均比例：30%对70%。也难怪一线员工经常会对基本工资有怨言。看来随着公司不断扩大，员工工资发放方法也应该逐渐向大公司靠拢，虽然这样会增加公司负担，但两害取其轻，否则招不来能人留不住骨干的问题必将影响公司的进一步发展，这大概就是小公司向大公司发展过程中所必须承担的风险吧。

⑲ 面对涨工资的压力

想起这个问题我就头疼，这两年物价上涨厉害，通货膨胀率很高，垄断行业及国家公务员纷纷大张旗鼓地涨工资，公司员工也不时议论纷纷，还有人经常问我："老板，咱们什么时候涨工资呀？"

我也想给大家涨工资，但我们所在的IT行业销售的产品偏偏每年都在降价，利润空间越来越薄，而给每个员工上五险一金，公司的用人成本每人每年比几年前增加了上万元。唉，套句电影《甲方乙方》中葛优的话——"地主家里也没有余粮啊"。

管理学的书上经常说：要给员工树立远大理想，创造发展空间，制订个人职业规划，分析公司现状及长远规划，激励团队精神，激发员工士气。通过这些年的实践，我发现要做到以上几点真的很难，我自己就不善言辞，给员工做报告更不是我的长项。再说光有精神力量缺乏物质奖励只管得了一时而管不了一世。

除股东外的大部分普通员工对于公司的经营困境并不感兴趣，员工认为公司经营不好是老板没本事，我的工资该涨还得涨，如果涨不到我满意的程度，那么我就用脚投票，只要找到比现在收入高的职位就拜拜走人。

既然这个问题回避不了，就得想法解决。**根据"二八法则"，公司80%的利润都是由20%的骨干员工创造的，因此公司的首要问题就是留住这20%的骨干员工**，给他们涨工资公司还是负担得起的。公司对另外80%

的普通员工工资根据工作年限适当调整，多做思想工作，如果还不行就一切随缘吧。从近几年的情况看，85%的骨干员工还是比较稳定的，公司经营没有产生大的波折。

公司有一个部门，一共三名员工：张师傅、王师傅、李师傅。来公司前三人全是国有单位下岗职工，其中张师傅来公司六七年了，比较踏实肯干；王师傅来公司四五年，中规中矩；李师傅来公司两年，工作中有时爱偷懒，经常发牢骚。这天，李师傅找我说："经理，我们部门工资好久没涨了，师傅们平常工作都很辛苦，你看是不是意思意思，工资往上涨涨，要不该影响工作积极性了。我跟几位师傅合计了一下，想找个时间和你一块开个会讨论一下。"

我一听，明白了，这李师傅私下准做好了部门其他人工作，想要一起向我发难呢。此风不可长，否则公司人人都学他岂不乱套了，再说该部门平均工资在同行业里已高于平均水平。于是我回答道：

"这两天我很忙，要不后天下班咱们开个会吧。"

"好嘞。"李师傅笑了。

第二天，我找了个机会将张师傅叫进办公室，先聊了聊家常，对他的日常工作予以肯定，然后对他说鉴于他工作一向比较努力，从下月起每季度给他单独增发一部分季度奖，但这额外奖励只有他一人有，希望他保密。最后我问他对该部门现行工资的看法。他说：

"经理，其实我觉得现有工资也差不多了，当然对于工龄长的老员工来讲稍微有点低，你给我涨了季度奖后我就很满足了。我一定好好干！"

下午快下班时，我又将王师傅叫进了办公室。同样，先聊了会儿家常，然后我对王师傅说：

"今年公司赢利方面比较困难，可能暂时无法都涨工资。由于业务量下降，你们部门估计很快需要精简一个人，另外两个人会比较忙一些，同时公司在年终奖上会有所考虑，对留下的两人适当增加。你对此有什么好的建议？"

王师傅考虑了下说："经理，我明白了。我觉得目前的工资还行，涨工资的事等公司利润增加时你自然会考虑。我没得说，该怎么干还怎么干。"

第三天下班时，会议如期举行。

首先，李师傅先发言："经理，我们三个师傅商量了下，都觉得目前的工资水平比较低，公司是不是考虑给涨涨，要不该影响大家工作积极性，这不对公司也好吗。"

我说："目前你们部门的工资在同行业里已经算比较高的，今年市场环境不好，公司正在调整，又上了新的项目，估计利润会比上年少一些，希望大家克服一下，等公司利润增加后大家工资都会增加。"

李师傅很不高兴："经理，公司利润的事是公司经理考虑的事，跟我们没关系。一个公司利润下降是老板没本事，员工工资不应受影响，该涨还得涨。再说我们出来打工不就图个挣钱吗，发多少钱我们就干多少活，是不是二位师傅？"李师傅转头问其他人。

张师傅和王师傅什么表情也没有，一言不发。

会议又进行了二十分钟，基本是我解释几句，李师傅慷慨激昂几句。突然，张师傅说："经理，我想起来了，还一个活今天必须干完，我得马上走。"

"行，辛苦了，你去吧。"我回答。

"经理，"王师傅趁机也说："我闹肚子，得去上个厕所。"

"去吧，去吧，上厕所能不批吗。"我说道。

一瞬间，除我之外，只剩下目瞪口呆的李师傅坐在会议桌前。

⑳ 股份制、分红与年终奖

各公司搞股份制方法是不一样的。上市公司的股价怎样计算怎样转让我也不太明白，估计大家都得考虑公司固定资产、流动资金、年赢利能力、无形资产、市盈率、负债率等几方面吧。

我们公司员工入股，什么无形资产、市盈率等都未计算在内。我们只算公司的净资产，老板让利，员工实实在在得到实惠。每年年底会计出张报表，列清楚公司的固定资产、流动资金、应收应付、待摊折旧、当年利润、费用税金等等，明明白白，对于希望入股的骨干员工以上数据全部公开。因为平常员工对我十分信任，大部分人连报表看都不看，他们觉得只要明白公司净资产值多少钱、投资入股后每年大概的分红比例和增值比例就满意了。当然，正规的做法应该是让第三方会计师事务所进行资产评估并出具报告，但员工都认为没必要我也就乐得省事。

员工入股后，公司给每个人一张收据，写清楚该员工出资金额，再与每个股东签订一份入股协议，写清楚员工实际出资金额、占公司总股份百分比、每年分红方案、双方权益责任、退股方法等等，双方签字盖章，各留一份，一切OK。至于五年后如员工想要退股，我们定的是或者按当时公司净资产计算股价赎回，或者按员工实际投资额的三倍赎回。

现在公司第一批股东入股时间早已超过五年了，由于公司一直发展不错，还未发生退股现象。经过这几年的分红，早期入股的股东已经收回了当初所投的钱，而且手中持有的公司股份价值也增长好几倍了。

入股时我发现一个有趣现象：销售部员工入股最积极，财务部员工入股最消极。这大概与两个部门员工日常工作性质与看问题方法有关吧。销售人员做事总是比较积极果断，容易只注意事情有利的一面，忽视不利的一面；财务人员做事比较谨慎，看问题容易忽视积极的一面，只看到消极的一面。所以在公司每当做重大决定时我经常同时听取这两个部门的意见，并在不同意见当中权衡协调。

蒙牛老板牛根生说得好：财聚人散，财散人聚。**将公司股份分一部分给员工不仅留住了人才，而且还能激励员工更好地为公司工作，因为给员工股份的同时也赋予了员工相应的责任**。当老板将公司50%以上股份分给公司员工时，他一定感觉到肩上的担子轻了不止50%，这样他就能每年踏踏实实地陪家人放松度假去了。其实公司老板控股并不一定要占公司50%以上股份，如果其他小股东每人所占公司股份比例都不到5%，那老板股份只要占到公司总股份的20%至30%就已经是公司的绝对大股东了，当老板总不至于当到公司所有小股东都团结起来对付你吧。

头些年我每年将公司当年赢利的30%用于分红，虽然总数不少，但对于小股东来说，有些不痛不痒。近两年听取高人建议，一方面公司自有资金目前足够支撑日常运转，另一方面最近几年生活物价指数涨得比较快，我索性将年底分红的比例提高到当年净利润的60%，消息一公布，公司小股东乐得嘴都合不拢了，一些原来犹豫的员工也纷纷要求入股。

以前年终奖一向是我亲自分配，现在公司人多了，我不可能详细知道公司每个员工在这一年里的工作细节，因此，我就根据当年公司效益定个年终奖总数，再根据年终奖总数及各部门贡献和部门人数按比例分配到各个部门，让各部门经理与人力资源经理参照考核标准分配到每个员工，最后我只要根据每个部门这一年的工作业绩评定部门经理的年终奖就可以了。

前些天听一个管理讲座，有位上市公司老板说他将每年公司利润的70%在年底分给员工，发钱数目之多让每个员工拿到手后都觉得非常震惊，他的目的是让公司每个员工都感觉到自己真正是公司的主人，从而使员工平时为公司干活就像为自己家里干活一样尽心尽力。他认为老板应该认识到：每年年底并不是老板在给员工发奖金，而是老板在将本来就该是员工应得的钱分给他们。思想境界真是很高，我想这也是我下一步努力的方向。

以前年底分红与年终奖财务上都是作为费用在第二年按月摊销，方法不甚科学，现改为当年按月计提，每月在利润中将这部分费用预留出来，这样年底发奖金时就能做到心中有数，各个部门在计算年终奖总数时也有依据了。

㉑ 年薪制的好处

当老板以后有时会遇到这样的情况：员工婉转地向我表达出希望加薪的意思。他们的理由归纳起来大概有以下几点：

A：我来公司这么多年了，应该涨工资了。

B：现在通货膨胀很厉害，物价天天在涨，我的工资也应该涨了。

C：经理你瞧我每天忙忙碌碌，没有功劳也有苦劳吧，是不是给涨点工资？

D：咱们同行公司的某某和我干同样的职位，工资比我高不少，你看……

对于工资确实不合理的或者是应该涨工资的员工比较好办，涨工资就是了；对于不该涨工资的人，我常常会给他们分析：

A：你来公司有几年了，每年的工龄工资在涨，职务津贴在涨，补助也在涨，所以每月实际到手的收入比原来高了不少。

B：物价是在涨，但你现在所做的工作和原来没有区别，能力也没有增长，涨工资有难度。

C：你是在天天忙碌，但是业绩与以前相比丝毫没有进步，甚至还有退步，工资从何涨起？

D：其他公司的某某和你职位一样，但你们俩能力不一样，业绩也不一样，所以收入当然不一样。

公司不涨工资的理由很充分：物价在涨，公司房租、交通、通讯、广告等各项运营费用也不断增长，而且公司所负担每个员工的各类保险和住房公积金费用也在大幅度增长，所以在总利润不增长的情况下不断提高员工工资实在无法实现。但这些理由员工往往不接受，待遇达不到要求常常一走了之。对于一般员工当然好办，走了再招，而关键岗位的员工流失往往非常影响公司业务，在薪金待遇方面怎样才能找到一个公司和员工都能接受的方法呢？

某次和别的公司老板聊天时他说他们公司大部分员工实行年薪制，老板先和员工沟通，了解员工对薪金的要求，然后双方共同制订计划，根据行业内人工费用占毛利的比例计算出员工如要拿到希望的年收入每年应该完成多少任务，双方达成一致后就按照计算结果设定该员工当年的任务值，员工保证完成任务，公司保证员工完成任务后年收入达到预期值。这种方法公司能承受，员工也在觉得合理的同时有了努力工作的目标和动力。

我听后觉得这种方法不错，决定稍加修改后在公司实行。对于一个大部分员工在赢利一线的公司来说，制定考核标准还是比较简单的。我先分别找了几个我觉得应该涨工资或自认为应该涨工资的业务骨干和部门负责人，单独和他们详细交流了对目前收入的看法和对将来收入的预期，然后拿出过去几年每个人所负责部门的业绩，分析列出了他们应当承担的各项费用，根据本行业和公司历年来的平均水平估算出为达到他们预期年收入所应该完成的任务，在双方达成一致后用书面形式记录下来。约定员工在新的一年里每月拿一份固定工资，大概相当于预期值的70%，略低于他前几年的月平均收入，当员工年底完成当年商定的任务指标后，公司以奖金的形式一次性补足差额部分，如果超额完成任务，在按事先定好的比例进行额外奖励。

和每个人的谈话都进行得非常顺利，员工对这种提高收入的方法比较认可，而作为老板的我心情也比较舒畅，毕竟这样能在一定程度上避免了劳资双方为争论工资待遇上而讨价还价所带来的尴尬。我决定先以这几个业务骨干为试点，如果效果理想，以后再慢慢将这种方法扩大到整个公司。对于不好以具体利润数值进行考核的岗位，我还得仔细想想如何根据岗位实际情况制定考核方法。

㉒ 年底给员工发多少钱

每年这都是一个让老板头疼的问题，钱发少了员工会怨声载道，来年来公司上班的员工少了一半；发多了，一是老板心疼，二是公司不见得能发得出来。

很多外企年终奖一般为员工一到两个月的工资，每年基本都是固定的；国内公司特别是小公司由于平常月份员工工资比较低，所以年终奖占员工全年收入比例比较大，根据行业不同，年终奖差距也很大。

公司刚成立时，由于流动资金短缺，公司年终奖发得很少，总数一般占公司全年利润的10%左右，分红比例也很少，通常在全年利润的20%左右，每年公司利润的70%以上用于扩大再生产，所以那几年公司资产规模增长很快。其实对比很多每年一毛不拔的上市公司，这个比例也不算很低了。

这几年，由于我们所在的行业是一个充分市场竞争的成熟行业，利润率不是很高，所以员工工资增长比较慢，公司很多员工看着国家公务员和各国有企业员工工资不断大幅上涨心里很不平衡，我也感觉压力很大，长此以往不仅现有员工会流失，而且很难再招到合格的新员工，看来必须采取措施了。

于是我一方面提高公司对外各项服务的收费标准（在我们这个行业，这真是很不容易）以增加收入，另一方面提高人力成本在公司总运营成本中所占比例。最明显的就是每年年底将公司全年赢利的70%用于员工的年终奖及股东分红，剩下的30%用于公司扩大再生产。如此调整之后，效果很好，公司员工的收入显著增长，年底发的钱也比原来多多了。

以前年终奖一般都是我亲自分配，现在公司人多了，我不可能了解公司每个员工在这一年里的工作细节，因此我就根据当年公司效益定个年终奖总数，再根据年终奖总数及各部门贡献和部门人数按比例分配到各个部门，让各部门经理与人力资源经理参照考核标准分配到每个员工，最后我只要根据每个部门这一年的工作业绩评定部门经理的年终奖就可以了。以前年底分红与年终奖在财务上都是作为费用在第二年按月摊销，这种方法不是很科学，现改为当年按月计提，每月在利润中将这部分费用预留出来，这样年底发奖金时就能做到心中有数，各个部门在计算年终奖总数时也有依据了。

❷❸ 保障员工的劳动权益

几个月前我去拜访一家合作伙伴,这家公司的周老板非常有思想,也非常善于带营销团队,他们公司的员工上班时都很有激情,晚上经常开会到九十点钟,第二天早上八点半照常上班,从不计加班,大家任劳任怨,销售业绩也很好。周老板凡事有一套自己的理论,很擅长说服人。该公司所有员工都没有上劳动保险,公司每年因此省了很大一笔费用。

我问周老板:

"不上劳动保险员工会不会有意见?"

周老板说:"劳动保险没用,我仔细研究过,还不如每年给每个员工交几百块钱上个商业人身意外保险,效果差不多。我给公司员工都做了思想工作,不上劳动保险员工每月也不用扣钱,他们都同意,而公司也因此每年省了大笔费用。"

"那员工如果生病或将来退休怎么办?"我问他。

"我们公司大部分员工都只有二十多岁,目前根本就不涉及这些问题,只要现在好好干,挣足了钱,将来没有保险一样没问题。"

上个月,我得知周老板公司的销售部经理辞职了,销售部经理跟了周老板许多年,管理能力极强。后来我了解到,原来销售部经理最近检查身体发现自己得了糖尿病，由于公司没上医疗保险，所有检查看病的费用只能自己负担，但糖尿病并不是一时半会儿就能治好的，以后每月都需要不断地打针吃药，所以只能辞职换一个有医疗保险的单位。

我想周老板这回真是逃过一劫，捡了个大便宜，要是销售部经理去劳动监察部门告他，周老板不仅要负担销售部经理所有医药费并补齐公司所有员工这些年的劳动保险费用，而且还得接受罚款，里里外外没几十万解决不了问题。

同行还有一个十几人的公司A公司，本来业务做得不错，在行业里小有名气，可就因为没给员工上保险在一次员工出了意外后弄得人心涣散，关门了事。

事情是这样的。A公司的一名员工外出给公司送货，途中出了交通事故受伤了，由于是A公司员工的全责，而A公司又没给员工上任何保险，所以住院治疗的几万元费用没人承担。按理说员工外出送货途中受伤应该算工伤，治疗费用如果有医疗保险将会由医疗保险承担，如没上医疗保险就应由公司全额承担。但A公司老板认为员工外出送货时违反交通规则应由自己承担全部后果，所以拒绝支付任何费用。事情到了这一步无论怎样解决公司都是输了，最后经过双方据理力争，公司和员工各负担了部分费用。这事过后不到半年，A公司就因为员工对公司失去信心大量流失而不得不关门，其老板只好在行业里找了份工作重新开始了自己的打工生涯。

此后我遇到过几个A公司离职员工，问起他们离职原因，都说通过处理员工交通事故费用这件事他们觉得老板太不仗义，员工为公司干活而受伤公司竟然不愿意承担费用，跟着这样的老板没前途，出了事毫无保障，所以大家都一走了之。有了这样的名声，A公司再招人也困难重重，它怎能不倒闭？

劳动保险是公司每个员工应该享受的权利，如果老板想要把公司做大做强，长久经营，这些钱就不能省。给员工上劳动保险是国家的强制性规定，虽然这笔费用并不少，但这样做了以后不仅会让老板觉得踏实对得起自己的良心，而且可以避免公司因员工出了意外而陷于被动尴尬的境地。只有员工的合法权益得到了保障，免除他们的后顾之忧，才能确保他们尽心竭力地为公司努力奋斗。

㉔ 小恩小惠难留人

刚成立公司时，习惯了国营单位那一套，逢年过节时不时发点劳保用品，如饮料食用油之类。每回公司派车采购回来，乱哄哄一阵忙。后来公司的扩大和制度的健全，逐渐停止了发劳保用品。

2008年春节前去一个朋友公司，正赶上他们过节前发东西，每个员工两大捆卫生纸，一小桶食用油，几大桶可乐，一箱芦柑。十几个员工每人前面一小堆，不少人正发愁怎样往家拿：打个车吧不值，坐公共汽车吧又拿不了。

我进了朋友办公室，他正在算账呢。见我进来嘿嘿一乐，对我说：

"看我们公司热闹吧，正发过节的东西呢。"

我问他："发那些东西干吗，又不好拿。"

朋友故作高深地对我说：

"这你就不明白了吧，我过节发这些东西让员工拿回家，员工家属一看就觉得咱公司福利待遇好，员工多有面子啊。这些东西摊到每人头上才一百多块钱，看起来又一大堆，多合算呀。"

我又问他："你公司员工不一直嚷嚷要上劳动保险吗？有钱你还不如把保险给员工上了。"

"谁上那个呀，每人每月公司要多负担好几百块钱。"

年后不久，便听说朋友公司的业务骨干走了不少。

2008年3月我公司招聘，应聘人员中就有一个曾经在朋友公司干过。

我问他："你为什么离职呀？原来公司不是挺好的，过节还发东西呢。"

他不屑一顾："就那点东西，加起来也就百十来块，蒙谁呀。劳动保险不给上，年底奖金不兑现，老板算得也太精了。"

听了这话，我不禁汗颜。早几年发劳保用品时我内心深处也想着能省点奖金什么的，那时员工私下不定怎么发牢骚呢。

当然发劳保用品本身这件事并没有错，但如果想以发点劳保用品的方式替代给员工上劳动保险或少发年终奖就显然不合适了。**当老板的做决定时最好还是站在员工角度考虑考虑，应想想什么才是员工最需要的，这样才能尽量少犯低级错误。**要是老觉得自己比别人聪明的话，这个老板早晚要摔跟头。

㉕ 使员工利益与公司利益一致化

在拿到某著名品牌在北京的代理权后，我非常高兴。为完成该品牌在北京全年的销售任务，公司召开销售会议，在会上，我详细给销售部每个员工布置了主打品牌产品的销售任务，订好全年及每季度的销售目标。

但三个月过去了，公司代理品牌的销量未能达到年初制定的季度销售目标，这无疑给我泼了一盆冷水。什么原因呢？公司整体小说公司整体销售不错呀，只是所销售产品品牌比较分散，难道是业务员不擅长销售主打产品，抑或是销售培训没跟上？

偶尔听到业务员之间的对话让我解开了谜团。

下班后，我正准备走，听到门外两个业务员在聊天。

甲业务员："今天你卖得不错呀，一单就走了5万多。哎你为什么不推咱主打产品呀？"

乙业务员："顾客用惯了另一个牌子，再说卖那一个牌子利润多500块，我的提成不也能多一百多吗。"

原来如此！按说乙业务员不仅是公司骨干而且还是公司小股东，他尚且如此，更别说其他业务员了。

我琢磨了半天，感到错误还在我。卖主打产品虽说有时某单生意利润可能稍小，但如果考虑售后服务成本及完成任务后厂家的各种促销支持的话，对公司来说还是利大于弊的。关键是这些员工并不关心，他们只关心自己眼前的收益，毕竟按照目前公司的销售政策业务员只考核利润，他当然什么挣钱卖什么，看来还是公司的销售政策没定好。

第二天，我拿出了重新制定的销售奖励政策，向主打产品倾斜：凡销售主打产品不光有利润提成，还有流水提成，而每季度如完不成主打产品流水任务将影响该季度的季度奖。政策一改，立竿见影，当年第二季度主打产品销任务顺利完成。

一般来说，公司员工的利益与公司老板的利益是不一致的，二者之间经常会有冲突。指望公司员工牺牲个人利益去成全公司利益基本上是天方夜谭。但老板有老板的优势，**老板是公司政策的制定者，他可以利用人趋利避害的本性制定政策，将公司员工利益尽量与公司利益统一起来**，让二者一荣俱荣，一损俱损。这样根本不需要做思想工作，员工自己就朝着老板希望的方向使劲了。就像古代大禹治水一样，疏导为主，堵塞为辅。

一个明智的政策必须符合人的本性，所有那些假大空的言论都应该被摒弃。有些领导（包括我原来就经常想少发奖金，多给员工讲人生哲理）在台上给员工做报告大道理一套一套，说的话有时自己都不信。现在谁比谁傻呀，无利可图，政策不对头再讲大道理也没用。上个世纪农村实行土地承包制改革，一包就灵，基本解决了几十年来都未解决的中国人吃饱饭的问题，归根到底还是因为政策终于符合了人的本性。

:: 宋博士观点：

当问员工"你为什么为你的企业工作？"时，回答有三类：第一类通常是出自诚实的人之口，回答说是为了养家糊口；第二类说是为了自我实现，为了自己生命的意义；第三类通常极少，说为了和自己的企业一同实现某个理想。因此，极少有个人的目标和企业目标完全重合，这就是人难管的最根本原因。所以我们必须在两者之间搭建许多的桥（例如激励机制、命令等），同时，还必须不停地监督。

㉖ 激励政策须有前瞻性

制定各种奖励政策时老板一定要全面考虑，要有前瞻性，不但要适合眼前的情况，还要考虑以后的情况，要详细算出过些日子一旦部门或公司业务发展了，现在定的奖励政策标准公司是否还能继续承受，因为当奖励政策的金额和百分比向上调整时员工容易接受，向下调整时常常会使员工怨声载道，所以如果奖励政策缺乏前瞻性，则随着公司的发展将来公司有可能不得不整体换一拨人才能使新的政策执行下去，代价会很大。

我们公司几年前开始经销售某类电子设备，由于此类电子设备安装和售后服务比较复杂，所以售后服务时间成本很高，严重影响售后服务人员工作效率，同时公司规定，售后服务人员各负责某片区的客户。售后是按维修费和工作单数量拿奖金提成，所以一旦某项工作占用大量时间会直接影响到售后服务人员当月收入。因此有了设备安装或上门售后服务的任务，大家都不愿意去。

于是公司单独指派了两名技术人员重点负责这项业务并出台了相应的奖励政策，规定每安装一套此类设备奖励100元。这下倒真是极大提高了员工安装设备的积极性，但很快又产生了一些新问题：其他员工对此类设备安装维修都不学了，因为他们觉得谁挣这份钱谁去操这份心，既然他们不拿钱那么当然此类工作与他们无关，所以当销售卖了这种设备后，只要公司指定的那两个员工有事脱不开身，就会无法及时给客户安装。

更难受的还在后头，那两名专业员工干了一段时间之后越来越摆谱，除了愿意干此类设备的安装工作外，公司分配的其他任务竟然拒绝接受了。当经理问他们为什么这样时，他们反问：干其他活一次给多少钱？不给钱我们没时间去。这种情况一出现我觉得实在无法忍受，与他们谈了两次话后效果不明显，于是只好让他们走人了，好好的两名员工让有问题的奖励政策给毁了。

还有一个例子。公司有一个部门当初由于利润率比较大，所以提成政策定为利润的30%，过了几年时过境迁，现在由于竞争激烈以及交通费和人员劳动保险费房租费用广告费都在不断增长，员工为取得与原来相同的利润需要公司投入更多的人力物力，而且除了提成之外公司还要给每个员工发放基本工资、季度奖、年终奖及各种逐渐增长的补助，所以再按30%的利润比例支付提成变得非常困难。

但当公司将这些情况向员工说明后提出需向下调整提成比例时遇到了非常大的阻力，很多员工都对此表示难以理解，他们觉得每年工资不断增长是应该的，因为现在物价指数在不断增长，日常生活费用越来越高，但如果公司要求员工创造的利润每年不断增长则没有道理，因为现在市场竞争如此激烈而且每个人的能力不可能无限增长，所以根据大部分员工的想法当年与上一年员工创造的利润相同工资应该提高，至少也应保持不变，怎么能向下调整呢？

后来公司销售提成政策虽然强行改变了但大家心里都不满意，有些人以这为借口辞职了。几年过去了，现在仍有不少人还耿耿于怀，不时在一些场合提起想当初的高额提成比例，令我无话可说。

㉗ 发现员工的优点

　　管理书上经常说：**好的管理者是发现并利用员工的优点，差的管理者是努力改变员工的缺点。**道理好明白，真到自己面对这问题时，有时头脑一热，又把它忘了。

　　日常工作中，常常有员工犯一些低级错误且连公司给他定的最低任务指标都完不成，这时我忍不住会想：是不是这人能力很差，根本不适应公司的工作？要不来个末位淘汰，再招一些新人？然而仔细琢磨，大部分时候不是员工能力差，只是公司没给他放到合适的位置，毕竟单凭个人简历和招聘面试这样的短暂时间里是无法彻底了解一个人的优缺点的。要是错误地用人，将某人安排到他最不擅长的岗位上，估计他无论怎样努力也很难做出成绩，毕竟让一个人改变习惯弥补自己的短处太难了。俗话说得好：江山易改，本性难移，可见要改造一个人是多么费尽。

　　四年前，公司招聘了一个维修工程师老马，老马既有工作经验又有学历，还很爱学习，按说做维修工程师再合适不过了。可是不到一个月，维修部经理就发现根本不是那么回事，老马极端的固执，做事完全墨守成规，从不知妥协，与客户打交道认死理，说话直来直去，凡事不肯通融，经常得罪客户。维修部经理对我说老马这人他们部门坚决不要了，不行就赶紧解聘吧。

我仔细想了想，老马这些特点在这个岗位是缺点，在另一个岗位应该就是优点呀，正好公司缺一个负责收发货的库管，老马应该合适。于是我将老马请到办公室询问他的想法，这时候我发现老马本人也正发愁呢，他说他自己最不善与人打交道，购物时也从不会讨价还价，对于交际应酬见什么人说什么话更是无所适从。我问他愿不愿意做库管，他表示十分乐意，因为库管这工作只要按公司规章制度办踏踏实实就行了。以下的一切就顺理成章了。

几年过去了，公司上下一致认为老马这人简直就是专门为库管这岗位专门培养的，他办事井井有条，各种手续清楚齐备，几年来从无差错，而且老马本人对这份工作也十分满意，认为能充分发挥他的长处，避免他的短处，不用整天做他不愿做的事。

一般来说，没有无能的兵，只有无能的将，大部分人只要放对位置都是人才，特别对于小公司来说，本身可供挑选的人才就很少，如果再不动动脑筋用好人还不得天天在公司门上贴招聘启事呀。

∷ 宋博士观点：

用人之道是用人之长。优秀的经理人关注人的优点并想尽一切办法把一个人的优点发挥出来。他知道让合适的人干合适的事情是一个经理的最重要的工作，也知道改造一个人、改变一个人的性格不是管理者的任务。经理人的一项修炼，就是让自己越来越准确地看清自己和别人的优缺点。

❷❽ 工作效率和工作态度哪个更重要

"勤快的鸟儿多吃食",这句话从字面上来讲非常合理,但有时候实际情况并非如此。

公司售后服务部门有五个客服人员,其中两个女孩刘丽和宋爽是同一批来到公司的,经过一段时间培训两个人转正,分别负责一个维修小组的客服工作。

一年结束了,两人负责的小组整体业绩差不多,按照考核标准来说两人的年终奖应该一样,但最后我给宋爽多发了500元。我是这样想的:平常工作时,宋爽总是显得非常忙碌,而刘丽看起来有点漫不经心;晚上下班后我看到宋爽常常在加班,而刘丽总是到点就走,几乎从不加班。虽然二人业绩差不多,但年终奖不能光看业绩,还得看工作态度吧,因此我认为宋爽理应比刘丽多拿钱。

公司虽然一直要求每人的工资奖金必须保密,不能互相打听,但没有不透风的墙。刘丽得知宋爽比自己年终奖多500元后心里非常不平衡,过完年辞职走人了。

我想公司再招一个和宋爽一样敬业的员工一定会将客服工作做得更好。好在前些年招人容易,很快公司新招的客服到位了。事随人愿,公司这次招的新客服马兰像宋爽一样踏实肯干,每天不但工作时间非常忙碌,下班后还经常加班,我看到后非常满意。可是不久,马兰所负责维修小组的维修员纷纷向我反映新来的客服比刘丽差远了，不仅工作单的数据经常拖很长时间不录入电脑，而且日常派工也很混乱，影响整个组的工作效率。我觉得非常奇怪，马兰看起来比刘丽敬业多了，结果怎么会反倒不如刘丽呢？

仔细了解情况后我发现，马兰和宋爽基本是同一个类型的员工，她们非常敬业，但与刘丽比起来无论是思维反应、工作条理还是打字录入速度都有一定差距，所以同样的工作量刘丽干起来显得轻松自如无需加班，而马兰宋爽则不光工作时间一刻不得清闲还经常需要加班。由于只看表面现象，我主观地认为应该多多奖励工作态度显得更加积极的宋爽从而导致刘丽辞职，这显然是个失误。

勤快的鸟儿就一定该多给食吃吗？对一个员工的考核评定不能只看工作态度，最后的结果才是最重要的。

∷ 宋博士观点：

一个企业里的员工大概可以分为三类：创造者、优化者和执行者。这三类人对公司的贡献是非常不同的。如果执行者对公司的贡献是1，优化者的贡献则是在1的基础上提高一些百分比，创造者却能让1变成3、5甚至是10。其中执行者和优化者往往表现得都很勤奋，但是却不见得出效率，正如文中的马兰和宋爽两人；而创造者往往表现得相对自如但能创造出完好的业绩，正如文中的刘丽。因此，作为管理者，任务就是知人善任，让擅长创造的人去创造、擅长优化的人去优化、擅长执行的人去执行。

㉙ 私下批评与公开表扬

有一次去一个同行吴老板的公司，正赶上他在销售部办公室里训斥员工，被他训斥的是公司销售部马经理，我也认识，算是他们公司的元老了。吴老板火气很大，声音高亢，表情丰富，被训斥的马经理一脸沮丧，低头不语，销售部其他员工噤若寒蝉，鸦雀无声。

平时我每回去吴老板的公司，都很难与他聊上几句，因为他非常非常忙，电话一个接一个，等他签字的人经常在他桌子前排成一行。其实他的公司并不很大，只有二十几个人，但公司七八个业务员却与老板形成鲜明对比，业务员经常百无聊赖地坐在桌前对着电脑发呆。

我曾经问他们公司业务员，为什么有的销售单子自己不做，非要推到老板那儿，业务员说公司的事能不做主我们尽量不做主，我们老板可厉害了，万一做错事会被他骂死的。诚然，平常也经常耳闻他们公司新去的业务员因为忍受不了吴老板的脾气辞职不干了，其实吴老板人很好，他们公司待遇也不错，工资在我们这行里算是很高了。

现在公司新招的员工基本都是八零后，在家大部分是独生子，从小受宠，自尊心强，工作中也受不了一点委屈，因此对员工的管理方法也应与十年前不一样，要随着员工的改变而改变。**对待员工，比较好的方法是私下批评，公开表扬。**员工有缺点，如果当众批评指责他，因为面子问题，员工逆反心理强,不仅心里不接受,而且容易口头上反驳,顶撞上级,这就把上级置于一个非常尴尬的境地:是大人不计小人过不予计较还是放下身段与员工争吵?无论怎样,都达不到预期的效果。如果将批评放在私下进行,照顾了员工面子,员工一般就能心平气和地考虑问题,也能充分地与上级交换意见并接受批评,效果比较好。

而表扬呢,一般是在人越多的场合进行越好,这样不仅被表扬的员工有面子,而且同时明确地向其他员工表明公司鼓励什么样的行为。被表扬的员工还被公开架到一个相当的高度,下回他不想这么做都不行了。

有时候,公开的表扬与肯定比发奖金都管用,人毕竟不只需要物质上的满足,还需要精神上的满足,如此又省钱又有效的方法大家不妨多试试。

∷ 宋博士观点:

管理者既不能怕批评而做老好人,也不能吝啬对员工的表扬。管理者要尽可能地创造一个"对事不对人"的管理氛围,让事情和人分开。一方面,管理者要告诉大家,批评不是为了让某个人难堪而是为了解决问题;另一方面,管理者要有自我批评的勇气和意识;最后,管理者要有开始(不做老好人)的勇气。

❸⓪ 表扬的力量

对一件事情表达态度，我们通常有两种方法：批评和表扬。同样，对于公司的管理也可通过以下两种方法实现：惩罚和奖励。比如：管理者希望保持公司地面的干净整洁，他可通过两种方法实现：

第一，处罚乱扔垃圾的人。

第二，奖励主动清扫保持卫生的人。

两种方法都可达到相同的目的，虽然结果相同，但两种不同方法实施后，公司员工的感受却会截然不同。罚出来的纪律虽然人人遵守，然而在很大程度上招人反感，一有机会不被抓到，就会有人故意破坏。奖励出来的习惯，大家则从心底里愿意遵守，哪怕没人监督，也很少有人去故意破坏。两种境界一是要我革命一是我要革命，这之间差距之大好比一个在地一个在天，足以影响公司的工作气氛和所有员工的精神面貌。

最近借鉴日本丰田公司的管理经验，我们公司也开展了表扬奖励活动。公司规定每名干部每星期必须发现一种公司员工值得表扬的行为，发布在公司内部论坛上进行公开表扬，每月月底将所有表扬打印出来张榜公布，对每条表扬的被表扬者公司发给5元钱的奖励。

5元钱虽然不多，但被表扬总是一件令人高兴的事，而且就是因为钱不多，公司才能够大量推广此项活动，否则每人每次奖励几百元，每月奖励上百次那就成了公司的负担。由于公司干部很多,所以每周被表扬的人和事就很多,大家只要一干对公司有利的事基本就会得到公开表扬及奖励。表扬让公司员工明白了什么行为是公司提倡的,而且这种方法还在干部和员工之间、部门与部门之间起到了一种润滑剂的作用。由于经常受到表扬,员工心气顺了,乐于遵守公司的各种规章制度,一个部门经常受到其他部门表扬也就愿意在日常工作中对其他部门予以协助。

公司的财务部原来是下班到点就走人,上班到点才开始工作,其他部门对此意见很大。早晨明明财务人已来了,等待开发票的业务员也都排了起了队,可财务不到点就是不开票,晚上业务员会刚过下班点回公司,财务已经一个人都不剩了,即便打了招呼也没人留下来帮业务员办理财务手续。自打有次财务部出纳下班后加了会儿班帮助销售部汇款而受到表扬后,财务部工作积极性提高不少,早上能尽量早到开发票,晚上能处理完当天工作再下班,当然这些又受到了更多的表扬。小小的表扬代表了其他人对财务工作的认可,改变了财务部的工作面貌,这点确实出乎我的意料。

㉛ 不患寡而患不均

每个公司都会有这种情况：不发奖金或没涨工资前大家相安无事，工作态度都很积极，一发奖金或一涨工资后却产生无数矛盾，一些人的工作积极性直线下降。

有件事使我印象深刻。那是三年前的年初，春节已过，公司售后服务部的一名客服小李没来上班，她给我发短信请假说脚扭了。小李人很聪明，本职工作做得井井有条，在公司的人缘也不错。又过了两个星期，她发短信说她要辞职，已经找好新工作了。我很奇怪，一直干得好好的怎么突然辞职了，她说了很多含糊其辞的理由我还是将信将疑。

直到几个月后，我与公司其他员工聊天，才得知小李辞职的真正原因：年终奖比另一名客服小赵少拿了200元。小李小赵工作成绩差不多，但小赵因为有时帮部门经理处理一些杂事经常加班，所以年终奖多发了200元，其实200块钱对她们来说只是收入的很小一部分，但这却造成了小李心理的不平衡，所以最终选择了辞职。

这件事以后，我在关系到员工收入方面的奖惩更为谨慎，如年终奖发完后还尽量与员工多交流。如果员工在工作某方面有突出业绩，还尽量以专项奖金的形式当月奖励，这样既及时鼓励了该员工别人也无话可说，不会心理不平衡。

基本上所有的公司都要求员工对自己的收入保密，员工之间不得互相打听工资奖金，但我估计大部分公司这条规定如同虚设，没有不透风的墙，员工觉得互相交流收入再正常不过了。每个人都有好奇心，说实在的，我还一直想知道胡锦涛总书记每月挣多少钱呢。所以，公司给员工定工资发奖金一定要公平合理，这样才能够让给员工所支付的报酬发挥应有的作用。

老话说得好：没有吃不了的苦，只有享不了的福。经常能看到这样的现象：几个人刚合伙创业时困难重重，大家都没什么收入，日子过得紧巴巴的，但这时往往所有人都能努力工作，心往一处想，劲往一处使，互相之间没有矛盾。一旦成功了，挣钱了，矛盾却开始产生，虽然每个人都比原来挣得多多了，但每个人都觉得自己应该得到更多，别人多分钱是对自己不公平。事情就是这么奇怪，越发钱事越多，越挣钱越不好合作。每个人对公平都有不同的理解，当老板还真需要仔细琢磨，尽量做到公平。

㉜ 好马也吃回头草

上个月，售后服务部经理来找我说半年前从公司离职的维修员小孙目前失业在家，整天借酒消愁，他从我公司跳槽后去的单位受这次经济衰退影响很大，关闭了北京分公司，由于小孙不愿去位于外地的总公司，所以他就因此而下岗了，他有心再回我公司，可不好意思开口提出来。我一听，说那有什么关系呀，赶紧约他出来聊聊，如果愿意，随时欢迎他回来，原有的各项福利待遇都不变。

小孙六七年前来的公司，踏实肯干，乐于帮助同事，很快就成了售后服务部门的骨干，几年后还升为主管。不过他因个人感情问题与公司另一名员工一直有矛盾，这令他前一段时间十分苦恼，工作业绩一度下滑。2008年开始，一个基金公司的熟人不断拉他跳槽入伙，终于今年年初他下决心辞职去了那家基金公司，谁知世事无常，基金公司在金融风暴中每况愈下，逐渐撑不下去了。

一周后，小孙回来上班了，见到我他很不好意思。我对他说："欢迎回来！别不好意思，好马也吃回头草，再说咱们公司走了又回来的人多了，不都干得挺好的？"

现在的公司与几十年前的国营单位不同，人员的流动性很大，哪怕你是世界五百强企业，薪酬待遇很高，员工该跳槽的照样跳槽，但有时，员工这山望着那山高，他们的跳槽有一定的盲目性，出去一段时间后，发现外面的世界并不如想象的那样精彩，别人拉他们跳槽时的许诺往往兑现不了，自己发展也不顺利，他会产生后悔情绪，想回原公司，此时做老板的应不应该再次接纳他呢？

俗话说得好，宰相肚里能撑船，有多大的胸怀就能成多大的事。对于辞职的员工，只要没做对不起公司的事，没有品质上的问题，我一般都欢迎他们随时回来。公司有一个员工，因为这样那样的原因，从公司三次辞职又三次回来，他的事迹简直都成公司用人的活教材了。

离职的员工再次回来，至少有以下几点好处：

第一，员工在外面干不下去而回公司，他会更珍惜这份工作。

第二，再次回来的员工本身就认同公司的文化，很少会有隔阂。

第三，工作轻车熟路，不用从头培训。

第四，对公司其他员工起到一个警示作用——有时跳槽并不是最好的选择。

对于再次回来的员工，公司对他们的工龄按上次离职时间连续计算，原有工资待遇不变，没有试用期，直接转正，而且对能力增强水平提高的人还升职加薪。现在，大部分离职又回归的员工都成了公司的骨干，在公司各部门发挥着重要作用。

㉝ 处理好员工之间的矛盾

有人的地方就有矛盾，公司也不例外。教科书上和影视作品里偶尔会描述一些理想状态下的团队：为了同一个宏伟的目标，所有员工都精诚合作，互相之间竭力配合毫无矛盾，团队效率极高，等等。这当然是每一个公司管理者所追求的最高目标，但很遗憾，这世界上绝大部分公司（当然包括我们公司在内）根本无法完美地做到这一点。不过这也没什么可惜的，因为公司内部的矛盾不一定会妨碍公司的发展壮大。

公司内部有矛盾并不可怕，对于员工之间的一些私人矛盾，只要不影响公司的日常运作，公司管理者大可不必事事介入，清官难断家务事，老板的精力也是有限的，处理这些家长里短的日常琐事不仅很难做到让矛盾双方都满意，而且容易让老板身陷不同员工的争执之中去，将员工之间的矛盾转移到自己身上成了员工与公司管理者之间的矛盾，使得老板以后在处理公司日常事务时无法做到客观公正。

特别是业务部门员工之间因竞争而产生的矛盾，更不见得是坏事。作为公司负责销售的部门，业务部应该是一个富于攻击性的部门，如果业务员遇事缺少斗志，一个个都是好好先生，公司如何能够在当今竞争如此激烈的市场环境中生存？所以业务员应该敢于与任何竞争对手（无论他是公司外或公司内）一决高下，作为领导，应该鼓励这种精神，对于业务部门一般做法是扶强不扶弱，业务员之间因竞争而产生矛盾，**公司管理者应善**

于引导，鼓励公司内部的竞争气氛，只要在公司划定的范围内不做出格的事，公司内部的任何竞争与矛盾都有其存在的价值。当然，如果所有员工都联合起来与老板对抗那就另当别论了。

对于公司员工之间的矛盾也不是可以一概放任自流，如果矛盾影响到公司的日常运作与发展，就应该立刻着手解决。通常公司不同部门员工之间的矛盾是由于各部门职责未完全分清造成的，对此应本着谁受益谁负责谁承担的原则，不断完善公司制度，明确每个部门的责任，必要时公司领导要亲自出面协调，不能让各部门之间产生责任的灰色地带，影响公司的办事效率。

我们经常会发现，每个单位都有善于挑拨是非制造矛盾的人，他们唯恐天下不乱：这种人有的是因为自身的要求没得到满足，所以通过其他方法制造麻烦以宣泄或报复，有的是天生就是这种性格，通过搬弄是非来获得自我满足，显示自己的重要性。对于这种人应及时采取措施，首先和他沟通，看看是否能为他解决目前所面临的问题，平息他的不满，如果无法满足他那就尽快摆脱他，否则公司将会为容忍这种人的存在付出极大的代价。

:: 宋博士观点：

大部分公司里最应该解决的，其实不是员工的心态问题，而是和员工对齐的问题。价值观的对齐最重要，如果老板和员工有共同的价值观，很多事情如公司里的矛盾根本就无需管理；其次是目标的对齐或者目标的一致性；部门间的对齐是老板或者总经理最重要的日常工作，这需要定制度、完善流程；还有一个很重要的是人员的对齐，即人员与岗位的要求对齐、个人优势与其所做事情的对齐，这需要用人者一生的修炼。

❹ 多组织活动有利于稳定员工队伍

现代社会生活节奏越来越快，很多时候公司内部各部门员工之间交流很少，常常是新人来了三五个月还融不进集体，别的部门员工还只是看他面熟，知道他是公司同事，别的就不知道了，连姓名都叫不上。这样缺点很明显，新员工很难融入公司里来，感觉自己得不到认同，经常是一有机会，就跳槽走了。

针对以上问题，公司组织了不少工作之外的活动和兴趣团体。目前，公司有自己的足球队，定期组织训练并经常和行业里其他公司的球队进行友谊比赛。同时公司还每周组织员工打羽毛球、游泳等。每项活动都吸引了众多爱好者的参加。在这些活动里，大家非常放松，彼此之间没有了部门界限，没有了上下级关系，只有共同的兴趣，相互交流起来非常融洽，这不仅使员工在公司同事中迅速交到了朋友，而且消除了部门之间的隔阂，使大家在公司日常工作中合作更为顺畅，特别是新员工，几次活动下来就认识了一大堆不同部门的同事，感受到了公司的友好气氛，工作也上手快了。

几年下来我注意了一下，积极参加公司各种活动的员工离职率较低，不参加公司任何活动的员工离职率较高。这大概是由于不参加活动的员工一般性格比较内向遇到问题常常憋在心里，而经常参加公司活动的员工对公司有什么不满，在公司内受到了某种委屈则经常能在各种活动中向同事和朋友倾诉，情绪能够及时地得到疏导，而公司相关领导也能从各种渠道了解到员工的心理动态，从而使问题得以妥善解决。

每个人都有自己的长处，如果公司能够通过一些业余活动使其长处得到发挥并为他人所认识或欣赏，这会使他产生一种成就感，觉得自己在公司朋友圈里得到了认同，从而在某种程度上弥补因其他方面不满足所带来的挫折感，这有利于稳定公司员工队伍，有利于激发员工的创造性和团队合作性。

:: 宋博士观点：

每个员工都有自己的特点：或者执行力和纪律性强，老板说什么就做什么；或者创新能力强，不喜欢过多的约束。而团队建设的一个重要环节就是，制造更多的机会把这两类人在不被打扰的环境中放到一起，以便他们互相增进了解，以此打造一个优势互补的团队。

㉟ 不轻易辞退员工

对于任何公司，辞退员工都是件棘手的事，处理不好，不仅容易激化矛盾，而且还会严重影响公司其他员工的工作热情。

由于有过一段在国营单位工作的经历并受一些日本管理书籍的影响，我们公司很少辞退员工，除非员工犯了严重错误。不过时代在改变，人的思想观念也在改变，就连员工自己如今都不认为长期在一个公司工作是什么光荣的事，大家都想着通过不断跳槽换工作来丰富自己的人生经历，寻求职位的晋升并增加个人的收入。其实如果某个员工不能胜任工作应尽早调整，这对公司和员工双方应该都是一件好事：公司能够及时再找一个胜任该岗位工作的新员工，员工获得一个重新寻找适合自己工作的机会。

有家外企的人力资源主管曾向我介绍过他们公司业务部调整员工的方法，很值得学习。这家外企业务部对员工考核非常严格，每季度都进行末位淘汰，所以要定期辞退老员工和招聘新员工。为了顺利辞退被淘汰的老员工，他们与猎头公司同时签订两份协议，猎头公司在帮他们招聘新员工的同时，也要负责为被辞退的老员工推荐新的工作。由于这家外企业务部销售能力在行业里数一数二，所以同行其他公司都十分希望挖到该该公司业务部的销售人员，这就给猎头公司提供了极大方便。

每季度结束后，公司业务部业绩最后的几名员工每天一大早就会西装革履地向部门主管申请外出去见客户，部门主管一边心里偷着乐想这些家伙今天不定去哪面试，一边一本正经地批准他们外出，很快这些员工就找着新工作回来辞职了，公司当然立刻顺水推舟全部批准。

如此一来三方得益，公司淘汰了业绩差的员工，员工摆脱了完不成任务的痛苦并获得了新工作大部分还涨了薪，猎头公司得到了双份的合同佣金。当然并不是所有公司都有条件能像这家外企那样安排被辞退的员工，但多动动脑筋采取相对柔和的方法处理这件事应该是有益无害的。

由于只通过招聘面试这样短暂的过程无法准确判断应聘者是否能胜任公司的职位，而且员工在同一岗位上长时间工作以后能力及心态都是在不断变化的，所以有时我们公司也不得不辞退某些员工。**对于非试用期不能胜任本职工作的公司正式员工，我一般都先征求他们意见后在公司内部给他们调换工作岗位，看看新的工作岗位是否能给他们带来改变，**发挥他们的应有作用，如果还不行，双方再商量下一步怎么办，当然这种岗位的更换基本工资最多保持不变而不可能越来越高。

大部分人经过一两次换岗之后要不工作有了起色要不自己就会主动辞职，总的来说过程都比较顺利。**对于试用期内达不到公司要求的员工，一般是给他们一些暗示他们就主动辞职了**，不过有些时候暗示不行也只能拉下脸来直接摊牌了，毕竟这种问题应尽早解决，坚决不能拖到试用期结束。

曾经有一名员工，来公司没多久就结婚怀孕生小孩，后又一气在公司内部换了四个岗位，每次都誓言旦旦地表决心能将工作做好，不过由于能力实在有问题，每个岗位都做得不是很好，终于在换到第四个岗位两个月后她找我辞职了。其实我也正在发愁，除了会计和经理等少数几个岗位她没做过，基本上公司所有的岗位她都试过了，再不辞职下一步只能让她去当司机开车了。

我们公司的一个外地下级经销商最近因为一次辞退员工事件受影响很大。该公司一名员工贪污公司钱财被发现，金额不是很多，只有几百元，所以公司老板并未报案，采取了追回钱款并当众开除的形式。但老板做事方法比较激进，考虑问题不够全面，他忽略了公司的商务是该名员工的女朋友这一事实。

商务小女孩并没有当时一起辞职，而在公司待了两个月并私下收集资料。两个月后这名商务提出辞职，然后立刻找到当地税务局的亲戚举报该公司虚假增资、商业行贿。对这种事情税务局当然不会置若罔闻，很快税务局就来公司查账了，一时间弄得整个公司人心惶惶，各项业务几乎陷入停顿。这还不算完，被辞退的员工紧接着又去当地的劳动监察部门投诉该公司未按规定与员工签订劳动合同，没给员工足额缴纳劳动保险。真是一波未平一波又起，这次估计无论如何公司都得出点血被拔层皮了。

进入2008年下半年，经济形势不是很好，很多公司都开始面临减薪裁员求生存的尴尬局面，然而中国的文化传统与西方不一样，一般不会直接将员工叫到办公室告诉他明天不用来了，现在就去会计那结算本月工资吧。辞退员工大多是老板不得不做出的选择，而一旦做出了这个选择，具体的操作则是对老板领导智慧的一次严峻考验。

❸❻ 慎用开除手段

由于行业特点，我们公司售后服务部门的员工经常干私活，他们利用便利条件将公司的生意拉到外面自己做，挣的钱全部揣进个人的腰包。对于这种人，前些年公司的应对方法只有一个：一旦发现，立刻开除。

七八年前，公司售后服务部曾经有一名员工，他岁数不大但不仅技术最好，而且每月利润也在部门里也最高，不过公司其他员工反映他经常干私活。他还经常当着其他员工面说：不干私活的维修不是好维修，私活多证明我技术好。终于有一天，他干私活被部门经理发现了，这回证据确凿，还有什么说的，开除吧。此后一段时间未再发现售后服务部其他员工再干同样的事。

过了一年，售后服务部经理向我反映又发现有人干私活，这次被发现的是一名老员工，在公司工作好几年了，平常不是很张扬。我与他谈话时他承认了干私活的行为。看着他我想：开除一个人固然简单，不过如他能改过自新那么再给他一次机会对公司是不是更有利呢？通过谈话，我觉得他对自己的行为比较后悔，承认是自己不对。于是，我在对他进行了经济上的处罚后保留了他的职位，留公司察看，为期一个月。后来这名员工未继续犯同样的错误，由于工作努力还当上了部门主管，直到现在仍在公司工作。

下面是与同行公司管理者交流时受到的启发。公司员工干私活不仅仅是员工本身的问题，这同时反映了公司管理不到位体制不健全、员工思想工作没做好、公司凝聚力差。这问题说起来简单，要完善改进实在是太难了。实际操作中我觉得对于犯错误的员工统统开除并不是最好的办法，虽然这种方法很简单有时也很有效，但无法长期大规模使用，毕竟法不责众，**公司还需要有经验的员工来维持正常运转。头脑灵活善于钻空子的员工是对公司管理水平的最好挑战**，正是由于这种人的存在，才会促使公司制度不断完善，管理水平不断提高，才会衡量出经理领导能力到底够不够，能否胜任目前的管理岗位。

有位同行公司老板曾说："对于员工干私活我会分人分情节区别对待，有的一经发现立刻开除，有的发现后我会主动找他对他予以警告以观后效，有的虽然发现但我会睁一只眼闭一只眼装糊涂，就当什么事都没发生。"听起来比较科学，不过火候掌握上比较难以拿捏，就看老板个人修为了，呵呵。

第三章　销售管理的经验与技巧

"市场是检验真理的一条重要标准",想必每一位在商界中摸爬滚打的老板都认同这一点吧。在这里,营销的作用尤其突出。有人统计过,70%以上的公司创业后挺不过3年,而10年后这个比例降至10%以下,市场竞争可谓激烈之至。今天中国的大多数行业都是买方市场,营销的难度和挑战越来越大,一种销售模式,公司在甲地采用后效果良好到了乙地可能就水土不服。大部分小公司手里没有独一无二的资源,同行之间常常是面对同样的客户,销售同样的产品,所以只能靠管理出效益。有统计表明,大部分公司的退出市场和倒闭都是因为内部原因而非外部环境所致,而销售管理无疑是强化自身的一个重要方面。

❸❼ 面对强力的竞争对手

有种说法叫商场如战场，其实二者还是有很大不同的。在战场上一般是你死我活，获胜的一方常常将对手彻底消灭；而商场就不同了，虽然竞争也很激烈，但很少听说某家大公司将竞争对手彻底消灭，让竞争对手倒闭出局，哪怕你是世界五百强的跨国大企业而竞争对手只是一个很小很小的本地公司也不容易做到这一点，所以当运营中遇到竞争时考虑问题的着眼点不应是如何消灭对手，而应该是如何做强自己从而使公司得到发展。一念之差常常会得到截然不同的结果。

有一段时间我们公司在经营上遇到两个同行公司强有力的挑战，三家公司规模差不多，主打产品重合，面对的客户群也基本相同，大家都在几种相同的平面媒体上做广告，拼来拼去最后没什么可比的，只有比价格了。于是三家公司销售产品的利润率直线下降，你挣15%我就挣10%，另一家干脆只挣5%，到最后简直就是比谁赔得多了，三家经销商苦不堪言。因为市场原因不管大家利润怎么降总的客户数量并不会增加，三家公司中每一家公司都在想自己再扛一扛竞争对手没准就会因为亏损而倒闭出局，到时日子自然会好过些。

这样相互竞争的日子持续了半年，三家公司并没有任何一家倒闭。此时我想：另外两家公司规模与我们差不多，如果照这样拼下去即使竞争对手倒闭了，估计我们自己也虚弱得离关门不远了，那时假如再有新的竞争对手出现我们还能继续坚持下去吗？既然几家无法协商达成妥协，不如我们只专心做自己的事，选择对自己发展最有利的方式应对目前的局面。

于是我们避开了大家共同代理的畅销品牌产品，主动选择了行业中价格相对不透明、品牌稍微生僻的二线产品。这样一来虽然销量比原来小一些，但由于价格竞争不激烈销售利润却大大增加。两年过去了，该品牌产品经过公司的大力推广，销量直线上升，利润也甚为可观。以此为契机，我们公司自身也得到迅速发展：人员增加了，流动资金充裕了，规模扩大了，名声响亮了。再看几年前与我们拼价格的两家公司：一家规模比当初小了不少，另一家则干脆销声匿迹了。

总的来说，越是大城市其市场越有包容性。人有人道蛇有蛇道，每家公司有自身独特的销售渠道和客户群，互相之间很难完全覆盖，所以要彻底挤垮竞争对手几乎是不可能的，即使你最后做到了，那自身也必定要付出极大代价，老话说得好：杀敌一千自损八百。如果这样，有这时间和精力还不如根据本身的特点另辟蹊径专心发展。**其实就像没有狼威胁的羊群会自身退化一样，激烈的外部竞争正是公司不断健康发展所不可缺少的动力。**

∷ 宋博士观点：

一个行业里只有一个第一，多数企业注定无法成为行业第一。依靠价格战，不但无济于事，反而会削弱自己的财力。与其赔本争第一，不如创新成为一个区域、一个独特客户群、一个销售渠道、一个新技术的领先者。文中所提到的选择代理不同的品牌，就是很好的客户群创新和渠道创新。

❸❽ 谈判中的几点常识

经营公司过程中经常遇到各式各样的谈判，关于谈判技巧的书市场上有很多，不过由于以前学习不够，吃了不少亏，经验也不妨在此展示一下。

首先，谈判时一定让对方先提条件，亮底牌。

对于这点我印象深刻。一次我与另一个公司谈合作的事，对方国有公司改制，公司领导及骨干在以前的接触中对我公司感觉很好，希望改制后与我公司合作共同经营。对方公司负责人赵总五十多岁，经营公司几十年，经验丰富，与我交谈中从容不迫，他先详细描述了他们公司的悠久历史、老字号招牌、庞大显赫的客户群、各方面良好的人脉关系等等，然后让我谈谈如果双方合作我有什么设想能提供什么条件。我也没含糊，将自己的想法和盘托出，条件尽量优惠，姿态尽量放低，等我滔滔不绝地讲完，赵总不置可否。

后来我们又谈了很多其他事情，期间在合作问题上我又不断让步，对方仍不表态，到最后我也不知道对方最需要什么，底线在哪里。真够郁闷的，整个过程被对方牵着鼻子走，自己的底牌都亮给了对方，却不知道人家想什么。合作最后没谈成，一番诚心和努力付诸流水。事后想想，其实这就像我们平常到小店买衣服一样，不要上来就还价报出自己的心理价位，最好的方法是让对方先降价，等对方再也降不动时你根据对方底价说出自己的心理价位，这样效果往往会比较令人满意。

其次，谈判重结果，不重过程。

无论何种谈判，结果是最重要的，在目前这个功利社会对于谈判者来说任何享受过程不重视结果的做法都是可笑的。对此谈判专家的说法是把面子留给对手，把利益留给自己。在向客户销售商品时，公司通常会在交货时间、付款方式及礼品赠送等方面尽量满足客户要求，但在关键的价格问题上守住底线，能扛就扛，客户在大部分要求都得到满足后通常在价格上会放弃过高的要求从而使公司的根本利益得到保证。

一般而言，当遇到比较过分的谈判对手时，应尽量延长谈判时间，因为对方耗费的时间越长，他的期望值就越高，投入了这么多的精力在你这儿，会使他觉得没有时间和精力再找别人，一定要和你谈成，这样最后只要有足够耐心，你往往能得到自己想要的结果。

最后，双赢的结果对谈判来说是最好的结果。

谈判往往不是一个零和游戏，谈判双方应该都给对方留出足够的利益，否则即使谈成了，在日后的执行过程中也会横生枝节。想想所有的便宜都被你占了，对方心理能平衡吗？现在的市场是一个自由竞争的市场，一般的公司特别是小公司很难在某个领域取得垄断地位，通常对于谈判对手来说，我们往往不是他唯一的选择，所以当谈判对手觉得自己未能获得足够的利益时他随时有可能会终止谈判而转向我们的竞争对手，这没准会使我们丧失一次重要的发展机会。

㊴ 从结果管理到过程管理

一直以来，我们公司基本上采用的都是结果管理，每年年初定好这一年的各项任务指标，然后再根据公司的年总任务向下分配到各个部门，部门继续向下分配到个人，每个人将一年的任务参考上一年的历史情况细分到新一年的每个月，公司依据每人每月的任务制定考核标准。每月月初财务部汇总算出上月各员工的实际完成任务情况，将报表交到部门经理和总经理处，经理研究完上月报表再制定新的政策并对未完成任务员工进行个别辅导或调整。

这种方法按部就班，一直以来都比较有效，但由于目前竞争越来越激烈，市场变化加快，公司原有的管理方法有点跟不上竞争对手的节奏。如果问题在本月初出现，下月初才能反映到报表上，经理根据报表修改销售政策再开会布置下去，往往40天都已经过去了。而有时候40天足以把小问题拖成大问题。

戴尔公司对销售部的管理也经历了一个调整过程。它刚开始时也是对销售人员一月一考核，后改为一周一考核，最后改为一日一考核。每天晚上，销售主管将销售人员的当日销售报表收上来后分析总结，完成任务的OK，完不成任务的挨个留下来单独辅导，分析失败原因，制订新的行动方案，规划第二天的任务，第二天晚上再对前一天制订的方案进行总结考核并重新制订下一天的方案。这样改进之后，戴尔销售部的业绩大为提高。

当然，销售人员也快被逼疯了，据说很少有人能在戴尔的销售部门忍受三年以上。

他山之石可以攻玉，我们借鉴了戴尔公司的经验，开始实施过程管理。虽然我们公司要做到一天一考核有点不现实，但每周一考核还是可以做到的。于是**我们将业务部门的报表改为一周一汇总，每周一必须将上周每人的业务开展情况及任务实际完成情况总结并核实，对于异常现象立刻采取措施，对于任务完成较差的员工马上单独交流，弄清原因，及时解决问题。**新措施实行了一段时间后，公司对市场反应速度大大提高，各级经理对业务情况也基本做到了心里有底，当月问题不必积压到下月初才被发现和解决了。

现在我一直在琢磨，既然业务部门能进行过程管理那么是否非业务部门也可采取这种过程管理呢，这样公司整体反应速度将大为提高，各种问题就会被及时反映出来并得到解决，执行力也会大为加强。不过，非业务部门由于没有具体数字硬指标考核，估计要想达到过程管理的要求应该会比较费时费力。

:: **宋博士观点：**

结果管理可以说是"以终为始"，和下属讨论并制定合理的整体目标，清晰地告诉下属我们想要到达的目的地。只有我们从最终的目标开始，倒推出我们现在应该做什么，才会少走弯路，甚至不走弯路。而过程管理，恰好与之相反，说到底是对结果管理倒推过程的丰富，明确某个阶段该干的事。在实际管理中，这两者是相辅相成的，对小公司来说，更需精于具体的"事情"，因此过程管理尤为重要。

❹ 规范业务流程

每回新员工进入公司，都会遇到很多同样的问题，不了解公司日常事务如何办理，本职工作如何开展，考勤制度如何执行等等。

比如有一次一个新员工要报销交通费，他先领了一张支出凭证，填写了数字，交到财务部门，会计看了一眼说：报销需要领导签字。于是新员工将填写好的支出凭证交到经理处签字，签完字又交到财务部，会计看了一眼又说：大小写写得不对，必须重新填写。新员工只得又重新领了一张支出凭证，再次填写后找经理签字。随后，他又因车票粘贴格式问题返工一次，好不容易才得以报销。

刚开始时新员工一般对公司值班顺序也不是很清楚，值班时经常误点；对接听客户电话后怎样处理同样不清楚，常常拿着客户电话东问西问。平常公司每个岗位的新员工基本都是由这个岗位的老员工一对一带出来的，有时公司某个岗位只有一个人，一旦老员工离职后新招的员工就不知怎么办了，只能靠他自己摸索或靠经理指点一下。

后来看了某个公司申请 ISO9000 认证的过程，很受启发，原来成熟企业日常每件事务都有操作流程，每个岗位都有工作流程。于是召集公司老员工开会，让每个岗位上的骨干员工编写本岗位的工作流程，从接听客户电话、标准销售程序到财务报销方法、公司岗位职责等都以文字形式详细记录下来，反复修改并编辑成册，新员工来了后人手一册，这样他们感觉在公司办事方便多了，不会再四处碰壁或觉得受到歧视，对自己工作岗位的职责也能迅速做到心中有数，知道首先该学什么该掌握什么。

简明而又规范的流程不仅能帮助新员工尽快融入公司，而且老员工也可对照流程手册自我衡量本身日常工作是否做到了位，按照公司标准是否还有改进的地方。同时，由于制定了公司岗位责任，各项日常工作中责任人明确了，相互扯皮的事也减少了。

其实看看身边成功的企业就可以知道，规范的流程和可复制的操作模式对于企业发展来说是多么的重要。为什么中餐好吃却一直没有出现全世界闻名的连锁企业，而被许多人鄙视并被称为"垃圾食品"的西式快餐却有麦当劳和肯德基风靡世界？想来想去还是因为中餐制作比较有想象力，口味好坏全在于大厨的个人技术，即使同一个师傅带出来的两个徒弟他们做出来的菜口味都可能完全不一样，更别提徒弟的徒子徒孙了。中餐的操作模式决定了中式餐馆是很难大量成功复制的，老店菜好吃分店可能就会有所区别，分店的分店差得就更远了。而西式快餐是工厂化操作，配料及流程都标准化，现在有的连烹饪过程都机械化标准化了，这就有效保证了口味的一致性，所以容易大量复制。

同样对于企业来说，工作流程规范化之后，至少能保证公司不会因为人员的流动和老板在现场与否而在处理日常事务的过程中产生太大的变化，从而有效地保证公司的正常运转。

∷ 宋博士观点：

　　管理者最重要的任务之一就是为下属发现或发明可以简化其工作、提高其效率的工具，而不是给下属灌输概念或抱怨下属没有执行力。规范企业的业务流程就是一个简化工作、提高效率的有效手段。

㊶ 控制应收账款

在公司的运作中，对应收账款的管理十分重要，回款率直接关系到公司的现金流并最终影响公司的生存。经常有这种情况：一个公司业务开展良好，各方面运行正常，但最终却因为应收账款过多而导致公司资金链断裂，最后公司倒闭。

在应收账款问题上，如果公司销售政策定得不好，就会使得公司业务部门员工的利益与公司整体利益不一致，应收账款会快速增长。比如，原来我们公司对业务员及售后服务人员只考核利润，不考核应收账款回收率，致使客户拖欠货款现象严重，业务员觉得反正客户当时结不结账无所谓，欠账多少也无所谓，结回账算自己利润，结不回账公司背着。当时公司应收账款还有一个特点，越是销售能力强的业务员，名下的应收账款越多，越是大客户，欠公司的货款也越多。结果公司在运营当中不仅产生大量应收账款，影响日常经营，而且，随着公司业务员的流动和客户负责人的更换，每年不少货款竟然收不回来了，出现了不少呆账死账。

几年下来，我觉得再不控制应收账款公司将无法继续经营下去了。在参考了一些其他公司的管理方法和财务部的意见后，公司初步拟定了以下两项措施：

第一项：对每一个业务员与每一个客户都分别定一个应收账款上限，超过上限不再允许赊账出货。对于上限之内的应收账款，回款期一律定为下个自然月的月底之前，每笔欠款必须让客户填写标准欠条并签字盖章确认再交由公司财务部门保存，对客户欠条财务部按现金管理，出入皆需当事人签字核实。当时结款，给业务员按实际利润的百分之百计算，如未当时结款，则随着实际结款时间的增长，利润按比例递减直至为零。

第二项：对每一个业务员与每一个客户都分别定一个应收账款上限，超过上限不再允许赊账出货。对于上限之内的应收账款，回款最后期限一律定为下个自然月的月底，每笔欠款必须让客户填写标准欠条并签字盖章交由公司财务部门保存，对客户欠条按现金管理，出入皆需当事人签字确认。如某业务员在规定结款期限内未能收回欠款，则停发一切提成奖金并停止所有报销直到收回欠款为止。

比如一个业务员做成一笔业务，流水为500元，利润为100元，按第一种方法计算则业务员一个月内回款利润记为100元，第二个月回款则可能利润记为80元，第三个月回款利润记为60元，依此类推直到利润为0；按第二种方法计算则业务员如当月未能回款，则第二个月起提成奖金停止发放，各种报销也都暂停，当他第三个月收回货款后，所有停发的奖金提成及报销立刻发放，该笔业务利润还是按100元计算。

后为方便财务部操作并考虑到执行的有效性，公司采用了第二项措施。经过这些年的实践，效果良好，基本杜绝了呆账死账。在这项制度下，每一笔应收账款都有明确的负责人，员工答应客户欠账的同时自己就会权衡利益，判断风险，有的生意虽然有利润但客户会拖欠货款导致风险太大，业务员自己就会主动放弃；而且采用此种方法既不克扣员工应有的提成，又给了欠款当事人足够的压力，使得公司利益与员工利益在应收账款这方面高度一致，推行起来几乎没遇到什么阻力，财务部也不再天天抱怨应欠款难以收回了。

㊷ 压缩不良库存

2006年有一次公司搬家，门市的库房里清出不少库存商品，有的居然已经积压了将近十年。看着不少还未拆封的积压商品被做二手生意的同行以五十、一百的价格一件件收走，我真的很心疼啊，当初进货时，每样东西都花了四五千元啊。想想只能怪自己，前些年对库存商品重视不够，在商品开始积压或销路不畅时舍不得尽快降价抛售，这样看似省了小钱实际上却赔了大钱，这也大概是老板和职业经理人之间的差别吧，老板往往因为对公司及公司的人和物有着特殊的感情而影响了自己的判断力。

如今的市场环境，商品更新换代极快，一种商品从上市畅销到退市可能就两三个月的时间，电子产品经常在半年时间内价格降一半，所以只有根据本行业的实际情况，制订好进货计划，对产品在不同销售周期灵活定以不同销售价格才能保证货物流通速度，这样才能尽量压缩不良库存，减少销售风险。

同行中有家企业分销做得特别好，他们是这样定价的：

新品上市，根据市场行情定一个合理销售价格，保证足够销售利润。

对于库龄超过90天的商品，自动降价按进货成本价进行抛售。

如仍未销售出去，则库龄每增加30天，成本自动核减10%直到售完为止。

由于有了上述硬性规定，该公司几乎没有不良库存，而且各部门经理进货时都十分小心，仔细核算控制好数量，因为库存商品核减的成本都要从责任部门的当月利润中扣除，直接影响到该部门所有人的工资及奖金收入，所以没有人敢忽视不良库存问题，这也从根本上避免了进货后销售利润算业务员和销售部的，产品积压赔钱算公司的这种计算方法所带来的盲目进货问题。

省钱就是挣钱，销售商品时挣钱非常难，可是当商品降价时库存商品赔钱却非常容易。电子类商品降价幅度经常在百分之二三十，厂家的价保期一般时间也不会很长，如果有一百万库存，按以上幅度只要一降价立马就会赔二三十万，假定销售利润率定在百分之五左右则降价的损失相当于牺牲了五六百万商品的销售利润，不由得我们不小心呀。

借鉴了同行经验，利用单位现有的 ERP 软件，我公司也制定了相应的库存商品销售政策，这两年几乎消灭了不良库存。但愿以后不要每当别人问我公司这些年挣了多少钱时，我只能指着一库房积压商品说：喏，这些就是公司这些年的全部利润。

㊸ 数据化管理的优势

最近我一直觉得数字一定是人类历史上最伟大的发明之一，即使在公司管理上，大大小小的各类事务基本上都可用数字来解决。

公司刚成立时对工资标准的制订没有什么概念，不知道每月该给员工发多少钱合适，只是参考其他公司特别是同行业的公司，看人家发多少我们也照葫芦画瓢发多少。随后许多年一直懵懵懂懂延续下来，市场上大家都涨工资了，我们也跟着涨，市场上大家工资都保持稳定，我们也基本上一直保持稳定，至于为什么这样就不知道了。

后来才想明白其实这一切都可用数学方法做好预算：首先统计出公司每年的流水和利润，然后根据所在城市和行业的平均水平计算出为完成这么多流水和利润应按百分比支付多少的工资总额，其中一线员工应占多大比例，后勤和管理岗位应占多大比例，公司工资现状是否符合上述比例，是否人员大量冗余、工作效率低于市场平均水平，还是根据目前公司员工的工作效率可以适当向上调整公司人员的平均工资……用数字统计出这些后同时还可以判断以目前的管理水平和工资水平能否继续支撑公司生存下去、目前从事的行业对公司来说是否还有前途。当然，不同行业人力资源总成本占公司总费用的比例是不一样的，具体数字上网一搜很容易查到。

公司制定各种提成政策及发放年终奖等各类奖金时同样需要运用好统

计数据来给我们做决策时提供支持。我们必须事先想明白销售每件商品的利润中应有多大比例用于作为销售人力成本支付给一线员工，平均每名销售人员每月能完成多少件商品的销售，产生的利润总额是多少，这样我们即可算出每名销售人员的月总收入多少为合理，总收入除去他的基本工资及各种保险和补贴，剩下的就是该业务员的奖金提成。同样的，按照设定的比例根据当年公司整体赢利情况马上可以算出当年公司应发年终奖总数，然后每个部门按照相应的百分比分得该部门总奖金数，至于怎么分配到个人就是部门经理的事了。

同样的例子还有很多，比如判断公司大部分员工的表现同样可以让统计数据说话：只需比较该名员工历史同期的各项统计数据和他最近一阶段的各项统计数据，即可看出这名员工现在比以前是进步了退步了还是原地踏步，明明白白，无可争辩，此时你再告诉他工资为什么涨为什么降或为什么保持不变他一定心服口服。

政府对于国家的管理也是大同小异，中央不可能具体管到全国每个县每个乡的每项开支，它只能根据国家总的财政预算按比例分到全国成千上万个小部门，每个小部门在规定的财政预算内决定各项开支。同样对于公司每年的广告预算、招待费预算、财务成本、各部门日常费用等等我们一样也应事先做出计划和数字预算，这样平时花起钱来才可做到心中有数。

自己单干时可以拍脑袋作决定，做三五个人小公司的老板时还可以拍脑袋做决定，当管理成百上千人的公司时再拍脑袋做决定就显得极其不负责了。**随着公司不断扩大，对公司的管理也应逐渐从感性管理向理性管理过渡，对数据的运用显得越来越重要。**不过根据我的经验，管理公司对数学知识的要求实在不是很高，别说大学学的微积分等我不曾用过，就连中学学的对数指数也从未用过，大部分的管理有中小学的数学知识就基本上足够了。

:: **宋博士观点：**

初级管理者只会做定性的管理，能说出事情的好坏却无法判断好坏的程度；中级管理者能够根据数字定量地判断事情好坏的程度；而高级管理者则能做到"心中有数"，把那些重要的数字和这些数字之间的关系烂熟于胸。"眼中无数"、"眼中有数"、和"心中有数"是管理的三个境界。

㊹ 有些事情越透明越好

但凡老板，公布各种销售政策时基本都会对商品的实际成本有所保留，无论是对公司员工还是合作伙伴或下级经销商，老板一般都不交实底。

2006年我们因业务发展需要在北京周边的一个城市设立了分公司，分公司是采取收购当地一个合作伙伴部分股份，我公司派驻骨干员工的形式开办的，当地合作伙伴公司的老板马总继续当总经理，负责日常经营。由于对方是一个成熟的赢利企业，所以不用担心新开公司第一二年会赔本的问题。当初合作时大家商定：分公司作为我公司所代理某项产品在当地唯一经销商，享受我公司从厂家进货相同底价及同样的各类促销政策，接受总公司各类业务指导，年底分公司利润双方按股份比例分红。

一切走上正轨之后，我将与分公司合作的各项业务交由公司管理渠道的副总经理老何负责，直到年底，相安无事。

第二年，矛盾出现了。由于分公司从总公司进货需要开增值税票，而且每次都需总公司派车将货物从厂家库房提出后送到货运公司再发至分公司所在城市，这就会产生很大一笔税务和物流的费用。

老何考虑到费用没地方出，于是在新的一年给分公司发产品报价及厂家政策时暗自留了2%。没有不透风的墙，分公司马总在这行业里经营多年，与全国各地经销商都有联系，不到一个月，就看出了老何所提供的销售政策有问题。在一次厂家的销售会议上，马总找老何对质，老何当然极力掩饰，两人几乎翻脸。

马总对老何彻底失去信任，直接找到我，提出这个问题如不解决，双方无法继续合作。

我好言安抚，将与厂家签订的本年度代理协议原件和盘托出，同时将从厂家库房提货及发货的费用、资金占用费用、仓储费、开发票所需交的税等详细列了个清单逐一计算，总费用计算结果大致为流水的2%。马总看完后心里顺了气，坦言只要在厂家销售底价及政策上对他不加隐瞒，这2%的费用他完全能够理解并接受。我接着承诺利用双方合作销量大的优势向厂家申请争取更多额外的销售支持，一定让分公司享受到比自己单独从厂家进货更优惠的价格及政策。马总满意而归，一场纠纷烟消云散。

我想：其实合作伙伴所要求的只是一个知情权，一个平等了解厂家真实销售政策的权利，**任何事情只要讲明不加隐瞒，双方合作起来就会避免很多不必要的麻烦。**

在通讯极其发达的今天，几乎很难保守什么秘密。那种城南布头便宜两毛城北半个月不知道的情况再也不会出现了。只要不涉及个人隐私不影响公司根本利益，我公司各项事务基本都是透明的。商品的底价向所有业务员公开，只是事先向他们说明物流仓储税金等各项费用的计算摊销方法，公司规定出销售最低价，其他一概由业务员自己做主，这样不仅增强了员工与公司双方之间的相互信任，而且简化了很多销售决策中间环节，提高了反应速度。

㊺ 细节创造的机会

细节决定成败，这是很多管理者的共识。细节的规范，往往能够为你创造一些意想不到的机会。

以前公司业务员给客户发传真，通常是拿起一张白纸就用，顺手写下产品名称和报价，不仅字迹潦草而且传真上还时常忘记留下联系电话和联系人。后来发现，来往的公司中稍微有点规模的发传真都用公司专用信纸，上面印有公司名称、地址、电话等，内容一律电脑打印，十分正规，不仅便于阅读而且还给人一种可靠、值得信赖的感觉。另外签订合同时，大公司都要先由公司法律顾问审核，确定没有漏洞后再盖章签字。相比之下，我们的差距真的很大，于是我们花了不少精力开始在这些细节上改善公司形象。

耕耘就会有收获，有一次与一个新客户聊天，谈到不久前刚与他们做成的一笔生意时，我问他为什么选择从我公司购买而放弃另一家同行公司，因为据我所知，同行的报价比我们还稍微低一点。客户说：

"那家公司没实力，太小，你们公司比较正规，比较大。买设备时我们不能只看价格，还得考虑售后服务，公司本身没实力价格再低我们也不考虑。"

我听了有些奇怪，竞争对手与我们规模几乎相当，而且在行业里也是一个老牌公司，售后服务做得相当不错。于是我问客户：

"你从哪看出他们是家小公司？"

"那还不简单，每回给我发电子邮件，你们都用公司专用信箱，而那家公司每回都用免费注册的私人信箱，如果一个公司连每年百十来元的公司信箱都舍不得用，那它肯定是个小公司。"

听了客户的话，我不禁暗自庆幸，当初听了公司网管的建议，为体现公司形象特地开通了公司专用信箱，这回算是用上了。

类似的例子还有不少。比如广告，不少小公司老板为了随时随地自己接听客户电话，怕公司其他人接电话影响成交率，广告上的联系电话只留自己的手机，不留固定电话，估计不少客户见了这样的广告会想：这家公司真小，连固定电话都没有，该不会是个皮包公司，没有固定办公场所吧。如果客户有此想法，广告效果一定打折。

再比如工作服，如果公司员工都着统一工作服，无论工作服质地好坏，客户也一定会觉得这家公司比较正规，管理也不错。另外还有公司员工接电话规范，财务手续规范等等。**一般来说，公司规范越全面，管理越细致，客户越觉得公司形象可靠；公司各方面越是随意，客户越不敢和你做生意。**

通过这些年的实践，我觉得小公司要与同行大公司竞争，只有加强管理，在细节上下更多工夫，才能弥补自身的先天缺陷，从而在竞争中立于不败之地。

㊻ 业务部门的考核方法

业务部是每个公司最重要的部门，业务部为公司开疆拓土创造利润。一般来说，业务部员工在公司里最有活力，最富激情，但业务员相对来说流动性也比较大，不是所有人都适合做销售工作的，这个职位淘汰率很高，业务部管好了，公司就管好了一半。

对业务部门进行考核相对来说容易些，比如流水、利润、回款率等硬指标摆在那儿，干得好干得坏用以上指标衡量一目了然，业务员想要滥竽充数混日子不那么容易。

我们公司对业务部门制定考核标准从无到有也经历了几个阶段。

刚开始时就像大多数公司一样，根本没有考核标准，整个公司一共没几个人，基本上人人都是业务员，大家每天都在老板眼皮底下，干什么都看得见，所以月底老板发奖金大致能做到有的放矢，根据每个人的能力和当月表现进行奖惩。由于人少大家混得都比较熟，所以我一般也不太好意思对员工按销售任务严格考核。

后来公司人员慢慢多了，特别是开了第二门市后问题逐渐浮现出来。首先作为老板我分身乏术，不可能同时在两个门市出现，业务部再没有考核标准就成了吃大锅饭，当老板不在的时候业务员越来越懒惰，反正老板看不见，干多干少一个样，逐渐整个公司变得只有老板忙忙碌碌，其他人都懒懒散散；其次业务能力强的销售人员收入方面得不到满足就开始琢磨其他方法，要不跳槽走人要不将业务拉出去做挣黑钱。鉴于这种情况我觉得再不对业务部进行考核实在不行了，于是制定了简单的考核方法，对每个业务员每月的利润进行统计，超额部分进行提成奖励，完成任务好的同时还多发年终奖。这在一定程度上解决了当时面临的问题，使业务员能做到多劳多得，效果还不错。

随着公司业务逐渐增多和管理的不断推进，简单的利润考核已不能满足公司对业务部门的管理要求，于是我参考其他公司的经验并根据自己公司的实际情况在考核内容中又增加了主打产品每月销售流水、当月回款率、特定服务项目销售比率等项目。后来通过不断的学习再结合自身的体会，我发现要想通过考核达到预期的效果，不能只是自己闭门造车制定各项考核标准，要根据历史数据和当时的市场实际情况并与被考核对象充分交流后才能制定出切实可行的考核标准。制定出标准后也不是就万事大吉了，还得在考核期内不断跟踪被考核对象任务完成情况，如他无法按时完成进度要及时总结分析原因并做出调整，才能确保公司整体任务的完成。

通过与国内一家流通领域大公司业务部员工进行交流，我发现该公司对业务员的考核管理做得十分到位：这家公司对业务员制定的任务每年几乎都要增长20%以上，完不成任务就会被淘汰，但公司几乎所有的业务员不管是能完成任务还是完不成任务的都对公司毫无怨言。这家公司并不是制定完考核标准后就对业务员放任自流了，公司将每年的任务按产品淡旺季分解到每个月，每当业务员完不成当月任务时，该业务员的直接主管和部门经理就会与他一起开会讨论如何能在下一个月完成任务并逐步补上以前的窟窿，同时了解要完成任务还需为业务员提供什么样的支持，然后在公司力所能及的范围内全力支持业务员。一般在主管和经理的帮助下，业务员都能很快达成公司定的考核标准，毕竟每个业务员都是公司招聘时通过层层筛选挑出来的精英。对于连续两个月完不成任务的业务员，主管和经理会与业务员立个军令状。如果第三个月还完不成任务怎么办：通常是业务员会选择主动离职或调到薪水较低的辅助性岗位。这样业务员完成任务自然皆大欢喜，完不成任务他也会觉得是自身能力不够，公司已经竭尽全力帮助他了，对于离职或换岗都心服口服。通过这样一整套严格细致的考核管理方法，该公司业务部在国内同行业中一直独占鳌头。

对业务部门进行考核应切记要结果不要过程，无论一名业务部的员工多么努力只要未达到预期目标那他就不是一名合格的销售人员。很多时候我忽略了这一点，看某员工忙忙碌碌勤奋工作但成绩不理想时会想：再怎么说这名业务员确实很努力了，没有功劳也有苦劳。可是这就忽略了一个最重要的事实——公司是靠结果生存而不是靠过程生存的，既然公司这样，那么考核业务员时也应这样。只看结果不看过程，这显得很残酷，但没办法，我们目前生存的环境就是这样。

对于业务员基本工资的设定也很有学问，太低了招不到人，太高了公司负担大还容易让业务员产生惰性。我们一个客户公司在这方面就做得很有特色。该公司业务员基本工资每季度一调整，根据不同业务员上季度实际销售额和下季度签约承诺销售额综合而定，完成销售额高承担任务额高的业务员基本工资就高，上季度完不成销售额任务的业务员下季度基本工资就低，这样不仅极大地激发了新人的积极性而且不容易让老业务员产生惰性，大家都必须持续努力，否则基本工资随时可能下降。顺便说一点，这种方法同时还确保能力强的人能够很快拿到高基本工资。

㊼ 非业务部门的考核

说实在的，对非业务部门的考核难度比较大，因为无法用利润、流水之类的量化数字来衡量，同时好像也没什么现成的理论可借鉴，好在公司非业务部门人数占公司总人数比例比较低，而且大部分都在办公室里坐着，相对来说容易管理。

刚开始时公司人数较少，对非业务部门基本不做考核，岗位工资和奖金每月相对固定，只是月底统计一下考勤。后来，财务部、办公室、物流部人数渐渐多了起来，各部门再没有指标考核所有人每月干好干坏一个样人员就越来越不好管理。

对于财务部门的管理，我不是内行，而且我也不可能天天坐在财务部监督每个人的工作，但我可以聘用内行人担任财务经理来进行管理，我只要根据整个财务部工作状况管好财务经理即可。我觉得**财务部门如果没有情况那就是最好的情况，对于这个部门来说人员的忠诚与品德绝对要比个人能力重要**，因此只要公司在资金和税务方面不出问题，应收账款控制在合理范围内，财务部门的奖金就应足额发放。对于财务部门的整体工资奖金支出我根据公司业务量定了一个比例，在这个比例内，财务经理自行决定人员增减并负责制订标准对每名财务人员进行考核，然后根据考核情况发放本部门员工的工资奖金。财务经理既懂得业务又每天和财务人员在一起工作，了解财务部每名员工的工作状况和思想状况，因此制订考核标准时有的放矢便于执行，这些年整个部门人员非常稳定，工作也没出过什么大的差错。

对物流部门考核相对来说比较简单。物流部门在公司里是一个承上启下的服务性部门，因此一方面我将工作量作为一个重要指标对该部门员工进行考核，另一方面我又印制表格，列出工作态度、时效性、工作质量等几项，每月由物流部的服务对象根据物流部门每名员工的表现进行打分，汇总后将每人的总分也作为一个重要指标计入当月考核成绩，最后月底根据每个人的综合评定按不同权重比例计算当月奖金，这样物流部门员工每时每刻的表现都处于其他员工监督考评之下，混日子的和勤劳肯干的每月收入差距显著，基本上能做到奖勤罚懒，总体管理效果还不错。

∷ 宋博士观点：

为什么好多事情落实不下去？就是因为我们没有足够的监控工具和措施。如何做到有效监控呢？第一，只监控最重要环节；第二，从方法上看，要抽查而不一定要逐一检查；第三，监控的目的是为了实现目标，而不是为了搜集信息；第四，监控的本质是不让不希望的事情发生，而不是事后校正。

㊽ 强化对售后服务部门的管理

对于很多行业来说，售后服务部门是公司利润的主要来源。

十多年前，零售业钱比较好赚，以我们公司为例：当时公司销售部利润占公司整体利润的90%以上，每天送货装机都忙不过来，根本顾不上售后服务。那时的想法是，客户买完我们的商品后最好别再回来让我们做售后服务，我们可没精力管那么多，真要出了问题，直接去厂家维修站，耗材零配件什么的爱哪儿买哪儿买，千万别再给我们添乱。

近几年，国内的市场经济逐渐由卖方市场向买方市场过渡，东西不是买不着而是卖不出去了。各个经销商为完成任务保住市场占有率绞尽脑汁，促销活动接连不断，价格战打得头破血流，再指望销售部一个部门养活整个公司变得越来越不现实，零售商品的利润率通常都在5%以下，到了此时公司的售后服务部门就显得越来越重要了。

但最初我们公司的售后服务部却是管理得一塌糊涂，不仅没有专职调度，而且没有客户档案。报修电话一响，谁接电话谁去。维修部经理每天四处救火，疲于应付客户的各类叫修；维修员每人包里一本空白发票（应维修员要求，说是维修费需要与客户商定，所以要携带空白发票好现场填写），几乎每人都在干私活。客户询问耗材配件价格时，一人一个报价；叫修反应极慢，客户经常投诉。痛定思痛，我想如果再不改进，公司将离关门不远了。

首先添置设备，配齐电脑，购买专业售后服务管理软件，然后再招聘专职客服与调度，并对公司的每一个客户建立详细完善的客户档案。客户档案不仅有电子版的，详细记录了客户名称、电话、地址、联系人，每次交易的时间、内容、价格，而且还为每个客户建立一份纸质档案，保存了客户每次交易的合同原件，维修每次上门修理的工作单，客户签字确认的各类回执。这样每次客户打电话购买商品或叫修时客服人员先在电脑上调出该客户档案，客户各类历史信息一目了然，再报价时就有的放矢了。公司规定客户档案每天更新备份，确保整个系统安全有效。

设备配齐及档案建立后紧接着对售后服务部门人员进行调整。当时售后服务部中有一个技术最好的维修员一直带头干私活，而且他一点也不避讳，经常公开炫耀，觉得反正公司也不能把他怎么样。几次谈话无效后我只能挥泪斩马谡，技术再好也不能成为违反公司制度的理由，否则整个售后服务部根本无法管理。开除了部分人员后公司随即招聘了一批新人加紧培训，短期之内，维修部人员面貌焕然一新。

从前维修员外出干活都是部门经理口头安排，但是经理事情多时经常忘记自己到底安排了谁去。规范管理后维修员外出统一由调度开出三联派工单，一联留底存档，两联维修员拿走，到客户那里完成工作后必须逐项填写工作单并由客户签字确认，然后客户保留一份，维修员带回公司一份交由客服录入客户档案。维修单上不仅要写明维修内容，而且还同时记录维修员到达时间和完成工作时间，维修员每完成一张工作单都要立刻打电话向公司报时，这样公司就了解每个维修员每一刻都在什么地方，既便于及时调度缩短反应时间又对维修员进行了有效的监督。如维修员半路接到新的任务未开工作单，则由维修员自行开具工作单回公司后再由客服补写签字。

客服每人一本台账，客户的每个来电都按时间顺序记录在台账上，每处理完一项任务，就在台账上记录一下，这样就可避免遗漏客户报修信息。客服经过培训，对设备故障基本了解，熟悉各类耗材配件价格，在电话里可直接与客户定好零配件售价与维修费用，在给维修员开工作单时随单附上填好金额的发票，方便维修员到客户那修完后当场结账，维修员不再随身携带空白发票。同时，公司专门安排了监督人员在维修员上门修理完成后的第一时间对客户进行电话回访，检查维修员工作质量，及时了解客户的需求，尽量将客户的不满消灭在萌芽状态。

售后服务部每天早上准时开晨会，总结近期出现的问题，表扬优秀员工，强调本部门眼下的工作重点，同时还要进行简单的技术交流，加强团队精神。

公司还对售后服务部的每一个岗位制定了详细的考核标准，从多方面对维修员和客服进行考核。

经过一年多的整顿，虽然售后服务部的管理依然问题不少，但利润已经大大增长了，能占到公司总利润的60%左右，成为公司支柱部门。

㊾ 给部门施压

三年前公司成立了一个新部门，主要从事电话销售业务。该部门从主管到员工都是八零后，非常有朝气，其中主管张立先后在几个公司做过电话销售业务并一直担任部门负责人，因此经验比较丰富。

电话销售业务相对来说比较难做，话务员每天需要打上百个电话，被拒绝的几率很高，所以主管不仅需要不断开会组织活动给员工鼓劲以增强他们的信心，还需反复培养话务员的电话沟通技巧。

经过一段时间的专业知识培训，该部门员工开始往外打电话了，初期部门人数不多，只有五六个人，不过虽然只有五六个人但当他们同时往外打电话时屋里也显得热热闹闹的。我看着心里觉得挺高兴，认为这个部门一定会有发展，同时憧憬着不远的将来随着电话直销业务的开展公司的各项业绩肯定会再上一个台阶，到时嘿嘿……

由于对电话直销部门的运作不是很了解而且对主管张立的能力十分放心，我刚开始时也没给该部门下达具体任务，日常的管理全都交由主管张立负责。有一天我发现做电话直销的员工经常在相互聊天，于是我问张立话务员每人每天平均打多少个电话，他说每人平均打一百个左右电话，我觉得有点奇怪，因为据我了解其他公司话务员平均每天的呼出电话量都在二百个以上，多的能到三百个，怎么我们公司话务员每天呼出电话量只有一百个？张立解释说因为我们公司销售的设备比较专业，向客户解释时比较费时间，所以平均每人每天呼出话量会少一些。原来如此，我还是有点疑惑，不过既然张立有多年的电话销售管理经验，想来他说的话应该不错，于是我没再深究。

一个月过去了，电话销售部门成交量很小，利润只有部门费用的三分之一，万事开头难，大概新成立的部门都这样吧，我想。

新的一个月开始了，电话销售部仍然没有大的起色，话务员看起来总是懒懒散散，主管张立也很少管事，而且自己还常常上班迟到、不断请事假，我从侧面了解到张立热衷于炒股，上班时间总在网上看股市行情。我找他谈了两回，给他下达了月度任务，张立拍着胸脯说没问题，保证管理好电话销售部，保证完成任务。

第二个月月底到了，电话销售部业绩竟然还不如上个月，我找张立了解情况，又得到了一堆各式各样的理由和再次拍胸脯的保证。接下来的日子里，话务员每人每天的工作量还是未加考核全凭自觉，经常能看见几个话务员闲着无所事事。又过了一段时间，一些话务员觉得没什么奔头开始陆陆续续辞职走人了。

三个月过去了，我对张立所管理的电话销售部彻底失望了：**部门从主管到业务员所有人都优哉游哉没有压力，而没有压力的部门怎能指望它有业绩呢？**

:: 宋博士观点：

管理者的一个根本任务就是为下属定目标。定下目标，定下由谁负责，定下完成任务的最后期限，再给出相应的报酬和激励，管理上80%的事情就做到了。

❺⓪ 公司里的"鲶鱼效应"

一个员工在某岗位上工作久了，业务会越来越熟练，业绩也会保持在一个较高的水平，但随之而来的是人会变得没有激情，惰性不断增长，懒得继续努力。解决这个问题的方法就是一方面不断激励员工，设定更高目标；另一方面根据业务发展情况招聘新人，利用新人的冲劲刺激老员工。

何力是公司销售部的一名老员工，来公司五六年了，最近几年每年的业绩在销售部里都名列前茅，对他来说公司给业务员定的月度销售指标都能轻松完成。半年前曾有公司一位老客户想再购置一套设备，售后服务部的一名维修员建议何力准备产品资料上门与客户面谈。何力随手在纸上记下客户信息对维修员说他最近很忙，等过两天再和客户联系。结果两天后再联系时该客户已经从别处购买了设备。

通过与销售部业务员交流我发现，由于公司的广告效应比较好，业务员在公司接客户电话就能轻松完成每月销售任务，大家逐渐懒得再出去跑上门与客户面对面交流，这在无形中降低了成交率，浪费了很多销售机会。做过销售的人都知道，面谈比电话交流效果要好得多。现在市场竞争非常激烈，广告成本不断攀升，也就是说每个销售来电的成本越来越高，如果业务员再这样消极销售不能有效提高接电话的成交率，公司发展将受到很大影响。

再也不能让活等人了，应该在某种程度上让人等活，只有饥饿的狼才是最具攻击性的，如果每天挣钱的机会很多，来得非常容易，怎能让业务员珍惜每一个机会呢？

随后的一个月我招聘了几名新的业务员充实到销售部，这下每天客户来的电话没增加而业务员增加了，大家只能排班轮流接电话。接下来的几个月，我发现由于公司每天提供给每个业务员的客户意向购买电话少了，业务员的主动性大大增强，不光在接电话后经常上门与客户交流而且主动打电话回访老客户寻求新的销售信息。现在这几个月销售部接电话的成功率大大提高，整个部门的业绩也增加了不少。

俗话说没有压力就没有动力，生活太安逸了人很容易满足于现状不思进取，但目前的经济环境是一个充满竞争的环境，逆水行舟，不进则退，只要稍一松懈就会被竞争对手远远超越。既然外部环境如此恶劣，那么公司内部也不能整天歌舞升平，**老板不应该所有问题都自己扛，而应把经营公司面临的压力分到公司每一个员工肩上**，这不仅仅是通过分配任务制定销售指标来实现，还应通过不断招聘新员工，淘汰公司现有不合格人员，让公司所有人都在某种程度上感觉到公司所面临的生存危机，这样大家就会明白：**不努力不进步就一定会被淘汰**。这点无论对公司还是对个人都一样。

第四章　做好日常管理，
　　　公司就不会乱

　　公司内部的管理是一件很复杂的事情。当老板不是一件大事，而是一万件小事。一个公司管理水平高，则员工素质就高，客户满意度就高，公司就能生存发展。一种管理方法，老板觉得理所当然天经地义，没准公司员工就觉得根本没法接受而消极抵抗。日常管理中的各种问题如果解决不好往往会使公司付出巨大的代价。如果一家公司因为内部管理搞得一塌糊涂而导致无法正常运转，那么很难想象它还能在市场上赢得一席之地。

⑤¹ 引导员工自觉遵守公司制度

"高明的领导领导员工的思想，不高明的领导看管员工的行为"，这是某著名企业家的名言，在商界广为流传。确实说得很有道理，它的意思类似于要让员工完成从"要我革命"到"我要革命"的转变。

我们公司曾经有过一项制度，规定销售部每个业务员都要将当天得到的销售信息登记到公司销售台账上，这样不仅能使公司准确判断出每天销售广告的效果而且还便于公司安排下一步的订货计划，同时当业务员之间撞单时可根据得到销售信息的早晚决定最后由谁来继续跟单。但这项规定公布后最初的效果不是很好，大家都懒得逐条登记每一个销售信息，他们有的说业务忙，忘记登记了，有的说单子当时就搞定了不用再登记，有的说怕别的业务员看见销售信息与他争抢……怎么办呢，难道对不按规定登记的业务员罚款？可谁来监督每天每个业务员到底获得了多少销售信息呢？

一个纠纷的出现从根本上解决了这个问题。

这天，销售部的小张和小李有一个业务撞单了。小张说他一个月前就接到客户需求电话了，小李说他是上个星期接到客户电话的，而且业务最后是他做成的，小张说小李抢他客户，小李当然不服气。"官司"打到我这来，我说这好办呀，拿销售台账来，公司不是有规定吗，谁先登记业务就算谁的。销售台账拿来了，小张没登记，小李登记了，小张急忙解释他当时业务忙，忘记登记了，其他人可以给他作证他确实一个月前就接到客户电话了，而且他还去过客户单位。

针对这件事情我立刻组织销售部开会，会上我再次宣布了公司关于销售信息登记的规定，对于小张小李此次撞单，根据规定只认白纸黑字的销售信息登记，别的理由一概不接受，接着我又详细解释了及时登记销售信息的好处，同时规范了登记销售信息的格式。由于有了实例，此次会议的效果非常好，每个业务员散会后立刻开始登记各自手里的销售信息。

从那天起，销售部几乎每人接到客户咨询电话后的第一件事就是登记销售台账，而且再也没有人因为撞单的事找我调解了，一切都顺理成章地以销售台账登记顺序为准。

有时想想，上学时学的辩证唯物主义还真是很有道理，内因是变化的关键，外因仅仅是变化的重要条件，外因必须通过内因起作用。公司的各项规章制度如果未做好思想工作，员工不认可，执行起来那可就费劲了，总不能随时随地安排人去监督公司每一名员工的行为吧，派大量人监督不仅做起来困难而且经营成本上也不允许。

欧洲一位名人说过：官僚机构是怎么形成的，就是一个人的工作分给两个人来做，然后为这两个人成立一个部门再安排一个人去领导该部门同时派专人去监督该部门的运行。官僚机构能这么做，小企业谁敢这么做？大部分小企业生存的资本就是规模小、灵活、成本低，一旦丧失了这些长处还不很快叫大公司给灭了。所以公司必须合理地制订各项规章制度并不断给员工做思想工作，引导员工从心里认同公司的各项制度，使他们自觉自愿地遵守公司制度。

做员工的思想工作可不容易，现在的员工可不像几十年前国营单位职工那么单纯，e时代青年啥没见过，有时光凭金钱打动不了他们。不过无论怎么变，大部分人的个人需求并未从本质上改变，市场上有专门的书阐述这些，除金钱外员工需求还包括个人发展空间、职业前景、周围人对自己的认同等等。

所以做员工思想工作时一是要不断重复（有人称之为"洗脑"），什么事也架不住天天说月月说年年说，到时也就习惯成自然了；二是要对他承诺（有人戏称之为"画大饼"），告诉他如果怎样怎样当达到某种程度时那他将会怎样怎样，要让他觉得按公司的方法做对他最有利，他也会因此而有向上发展的空间，除了挣钱外他还能学到东西，还能不断晋升，这样员工才会接受公司老板的理念，从心里认同公司的规定和做法。比较流行的说法就是公司要给每个员工制订职业规划，虽然这样老板比较费脑筋费工夫，平时付出也较多，但总比公司一盘散沙一有风吹草动就树倒猢狲散强。

不过**许诺一定要把握住分寸，老板不要轻易在酒桌上对员工许诺，不要在自己情绪不稳定时对员工许诺，不要许诺自己根本做不到的事**。有时老板也许会忘记自己曾经做过的许诺，可员工会记得清清楚楚。在某种程度上老板也是金口玉言，员工非常看重公司老板的信用，失信对于老板本人乃至整个公司管理的负面影响是巨大的，怎么估计都不过分。

❺❷ 科技创新管理手段

现代科技日新月异，解决了不少管理上的难题。

公司刚成立时，上下班考勤是靠考勤员来记录的，但这存在很多问题：首先是无法保证考勤员自己每天按时上下班，其次，考勤员请假时公司没人接替负责记录考勤，再者考勤员与公司其他员工关系有近有远，谁也不能保证考勤员一年到头天天公正无私。

上世界90年代后期，打卡钟逐渐普及，公司也购买了一个打卡钟，放在公司门口，员工上班或下班时拿自己的考勤卡在打卡钟上打印个时间，月底人事部一统计一目了然。可随后不久便出现了代打卡现象，关系好的员工互相帮忙代打卡，虽然公司每回抓着代打卡的都会重罚，但仍屡禁不止。

进入新世纪指纹技术渐渐成熟，公司只花几百元买了一个指纹考勤机就彻底解决了以上问题，毕竟员工们无法互相借手指头帮忙输入指纹啊。

随着公司销售网点逐渐增多，办公地点越来越分散，管理起来也日渐麻烦。有时某种商品甲门市积压半年卖不出去，乙门市接着客户订单又重新进货，门市之间信息不畅造成了很大的资源浪费。

四五年前，公司花重金购买了网络版财务软件，使公司各门市，北京总公司与外地分公司之间做到了实时沟通。公司所有库存商品一目了然，每个业务员的每笔业务随时可查，应收应付账款明明白白，各类报表随要随有，我再也不用老问会计：现在库存多少、账上还剩多少钱、某某某这月销售额多少了。只要有台能上网的电脑，无论何时何地，动动手指头，我所需要的数据立即就会出现在眼前。

最近为了提高售后服务部门接电话的质量，减少与客户的纠纷，公司在集团电话上加装了数字录音卡，每天所有的呼入呼出电话全部录音，售后服务部门的客服人员定期开会听电话录音，分析每人接电话的优缺点，大家一起讨论提高。过了一段时间，我发现不仅客服人员接电话水平有所提高，而且公司电话费也节省了不少，大概电话一录音，员工不好意思再用公司电话打私人电话了吧，真是一举两得。

运用科技手段管理公司，不仅效率大为提高，而且能尽量避免各种人为因素所引起的偏差。现在人工成本越来越高而各类科技产品的价格却在不断下降，购买先进设备代替人力来完成工作对公司来说是个节省成本的好方法。

❺❸ 销售部门的电话录音系统

2007年年初公司售后服务部门安装了电话录音系统，效果不错：部门员工接电话水平有所提高，通过开会回放接电话的录音也让大家的业务水平增长了不少。2007年年底，公司又购买了一套电话录音系统安装到了销售部门。

销售部门老员工比较多，大家各有各的销售习惯，很难改进，有时候经理说多了会影响员工工作积极性，而且口说无凭，经理指正业务员的接电话方式时业务员逆反心理比较强，这次安装电话录音系统就是为了纠正这些问题。

刚开始录音时并没有通知业务员，所以录到的都是他们最真实的表现。录了几天之后，我一听毛病还真不少：有人接电话时声音懒洋洋的就好像没睡醒；有人接电话时回答客户问题思路不清晰前言不搭后语听起来乱七八糟；有人接电话时总是抢客户话头，缺少耐心……几乎没有人能完美地接好一个销售电话。

找到了问题，我决定着手改进。我让销售部门的主管组织大家开会听录音，也就是每天发生在每位业务员身边的活生生的事。每放一个录音，销售主管会让所有人对这段业务员与客户的对答进行点评，这时就能明了地看出问题了，基本所有人都能找出其他人接电话时的主要缺陷。

有一个老业务员老孙，平时比较自以为是，接客户电话时缺乏逻辑性态度也生硬，以前经理批评他时他会反驳说："甭管我怎样接电话，业务做成了不就行了，至于方式我会根据客户的反应自己掌握。"这次一放录音，其他业务员听了他接的电话后大多皱眉摇头，因为缺点真的太明显了，如此接电话肯定会丢失不少销售机会。老孙刚开始听别人录音时还不以为然挑了很多毛病，等听到自己接电话的录音还不如别人时才意识到改进方法的重要性，如他对很多公司热销产品的性能都没能熟练掌握，他一边回答客户问题一边翻资料，粗声粗气、结结巴巴、说话思路不清晰等。

另一个刚来公司半年的新业务员小李，接电话时给人的感觉是总想挂客户电话，老说回头再联系，而且明显缺乏激情，经过这次分析才明白原来他是对回答客户问题判断客户需求缺乏信心，总想挂了电话后先请教师傅再给客户回电话。

这样的业务分析会开了几次之后效果显著，等到下一次放录音时大家接电话的水平已经普遍有所提高：一方面老业务员知道电话会被录音后脑子里随时绷着根弦，更加重视每一个客户来电；另一方面新业务员通过对比自己与老业务员接电话的录音知道差距在哪里，具体应该往哪方面努力，特别是小李，我甚至觉得她在接客户电话方面这一个星期的进步比来公司后半年的进步都要明显。看来今后这种电话录音分析会议应该要坚持开下去，我相信早晚大家接电话水平的提高会反映在销售业绩上。

(54) 尽量让下属用书面方式表达意见

上小学五年级时，班主任是语文老师，每当班上的同学犯了错误，班主任的口头禅就是："去，写检查去，不得少于四百字，明天交给我。"这一年，全班同学的作文水平突飞猛进，而我的最高纪录是某天中午利用午休的时间一口气赶制了三篇检查。

刚上班时，每完成一项工作，领导经常要求我们写工作总结，将工作中遇到的问题和取得的成绩用文字形式记录下来。

公司成立初期，人员很少，大家表达各种意见一般都采取口头形式，声音稍微大点全公司人就都听见了。随着人员增多，口头表达意见缺点越来越明显。首先，大部分人说话是张嘴就来，很少过脑子；其次，大家每天你一言我一语，其他人根本记不住，影响工作的开展。提意见人人都会，上嘴唇一碰下嘴唇各种各样的意见和建议就源源不断地出来了，但大部分人说的话未经过仔细思考，常常是想起什么说什么，而且有时为了强调自己的观点经常把话说得十分极端，不考虑后果，所以很多在这种情况下提的意见和建议不具有可操作性。

公司人多了之后，我不可能经常和每个员工详谈听取建议，了解工作进展情况，于是我要求员工尽可能地用书面形式表达意见，用书面形式总结工作。一般而言，口头表达意见时人考虑的时间较短，事后会经常有人因为口不择言而后悔，但一般人如果不经过仔细思考，是写不出书面东西来的。有时在让员工写出书面意见时，我会同时让他们尽量随意见附上解决问题的方法。**思考和书面表达的过程也是一个冷静反省的过程，这可让大部分人避免在情绪失控时做出将来会后悔的举动或说出无法收回的话**，要不怎么好莱坞警匪片里警察一犯错误就被上级要求停职在家写述职报告呢，这种方法看来全世界通用。

一次公司客服部的女员工小李与客户在电话里发生了争执，双方各执己见，互不相让。小李情绪激动，眼泪汪汪地找我说如果公司不向着她这份工作就没法干了。此时我让客服部经理安排其他人先帮客户解决问题，同时让小李别忙着诉委屈抱怨客户，冷静一下，然后用书面形式将事情的整个过程记录下来并详细分析与客户发生争执的原因，再写出解决方案。

过了半天，小李将书面报告交给我，此时她已完全冷静了。我看了看报告，小李与客户发生争执其实就是因为很小的事情，要是在平时遇到这种情况小李完全不会与客户计较，近期小李因为私事情绪不好，所以才会这样。看完报告还没等我说话，小李就主动说："经理刚才是我不对，我不该把个人情绪带到工作上来，我会自己给客户打电话道歉解决好这件事。"一场风波至此结束。

(55) 规范公司员工着装

近十年来，凡上班时间，一年中有七个月我都穿西服打领带，不是觉得好看摆谱，实在是没办法。我给公司员工定的规矩就是每年的10月1日到第二年的4月30日期间，上班必须上身穿衬衣打领带外罩工作服，下身皮鞋西裤；每年5月1日到9月30日，上班时上身应穿短袖工作服，下身皮鞋西裤。

员工一直有抵触情绪，经常在外面跑，谁愿意穿得那么拘束？我只好一边给员工讲道理一边以身作则。我经常给员工分析着装的重要性：为什么医院医生都穿白大褂，银行职员都穿西服，就是为了树立职业的权威性。如果你到医院看见医生都穿着脏兮兮的便装，他开的药你敢吃吗？你敢让他给你做手术吗？同样道理，咱们公司员工见客户，如果穿得不正规，首先进写字楼都费劲，门口的保安还得盘问你半天，其次进去见客户时，客户一见你穿得乱七八糟，对你销售的产品也会产生疑问，下面的生意怎么谈呀？而且还有一点比较要命，客户从你着装而对你公司及产品产生的疑问通常不会直接表达出来，他会找出其他种种借口，最后直到你丢了单都不明白为什么。

人仗衣服马仗鞍，自古以来大家都是以貌取人，难道每回见客户前没谈业务先解释：别看我穿得不怎么样，但我们公司很有实力，我销售的产品很好，我也不是买不起好衣服，我只是不愿穿得太正规，等等。客户谁听你的啊？

  我们一个同行的维修部有一个技术高手，在行业里小有名气，他一向不注意着装，虽然挣钱不少，但总穿得很邋遢，老板对此也睁一只眼闭一只眼。最近，我发现他忽然穿得好了，人也精神了不少，我挺奇怪，问他："怎么最近开窍了，要当新郎官了吧?"。他脸一红，说："嗨，别提了，因为穿的破我脸丢大发了。上个月公司的一个客户设备出了问题，公司派我去修。到客户那，我一进门，前台小姐就往墙角指，告诉我：那边，那边。我往墙角一看，没设备呀，只有一堆空纸盒。我问她机器在哪呢，她说：什么机器？你不是收废品的吗？嘿，感情我就这形象啊。这不，当天晚上我就去商场买新衣服了……"

❺❻ 关于年会

公司从规模很小时就开始每年开年会，时间一般定在元旦与春节之间，每年年会的形式大同小异，先是几个经理上台总结过去一年的业绩，宣布新一年的计划，然后公布上一年最佳员工的名单，接着发奖，最后找个度假村之类的地方吃一顿、住一晚、进行些娱乐项目。

这样的过年会方式持续了很多年，后来我越来越感觉这样开年会是流于形式，因为起不到什么好的效果，大部分员工没有参与感，气氛平淡，大家的主要精力都放在了吃喝上，每年吃得怎么样，住得什么标准，饭后有何种活动成了主要议题，而且只要有哪一年某个环节稍微出了些差错，标准低于往年就会有一大堆人抱怨，组织者也费力不讨好，有时我甚至想是否应该取消年会，每人年终奖多发几百块钱得了。

后来我发现了问题所在：以前的历届年会都只是几个头头在张罗，而公司的最佳员工也是极少数人，所以公司的大部分员工并没有真正参与到年会中来，如此开年会就好比中央台的春晚，极少数人忙一大堆人旁观挑刺，哪还能有理想结果呢？关键的问题在于如何让公司绝大部分人都参与进来，以便群策群力、互相交流，促进公司各部门之间以及所有员工之间的联系。俗话说"他山之石可以攻玉"，先看看别的公司如何开年会吧。

我发现外地一个同行 T 公司的年会办得很有特色。T 公司规模不大，只有二十来个人，但是公司管理得不错，绝大部分员工对公司事务都十分上心，整个公司朝气蓬勃。T 公司开年会要求每个人至少出一个节目，所有员工都参与进来，虽然花钱不多，但年会气氛十分热烈，极大地增强了公司凝聚力。

这真是一个好方法，实施起来也不难。于是在 2009 年年会前半个月，我宣布本次年会公司每个小部门至少出一个节目，凡演出节目的人都可以当众抽取一份小奖品，另外又从公司员工里精心选出了一对口才好、性格外向的俊男美女做主持人，负责整个年会的组织工作。

如此一来效果立竿见影，离开年会还有十来天呢，大家就已经积极行动起来了，很多员工非常踊跃地报名演节目，最后由于时间原因还不得不合并取消其中一部分，各部门利用下班后的业余时间积极排练，两个主持人每天写串台词、安排背景音乐，甚至周末还来公司加班，整个年会的前期准备工作基本没让我操心。

终于到了开年会的日子，年会从头到尾开得十分成功，开会过程中大家笑声掌声不断，虽然节目质量无法与电视上的专业晚会相比，但是由于公司几乎所有人都亲自参与，所以现场气氛十分热烈。大家发现原来身边日常默默无闻的一些同事竟然多才多艺，不仅能自己作词作曲，还自弹自唱。

由于在年会中大家增进了了解，活跃了气氛，至于吃什么、住哪里都成了次要问题。随后的几天，年会一直是大家热烈议论的话题，再也没听见有人对年会规格说三道四了。

事后我想：明年是不是应该进一步发挥，把员工的家属都邀请来，让更多人参与到公司年会，这样应该对公司的发展、对员工队伍的稳定都有好处吧。

❺❼ 考勤制度和休假

每个公司都有自己的考勤制度，项目大同小异，无非都是关于迟到早退、病假事假、倒休年假等等的规定，但细节上的不同给员工的感觉会截然不同。

曾经看到一篇文章写美国某著名公司实行弹性工作制，员工只要每天上班够规定时间完成相应工作量，何时上班何时下班由员工自行安排，这样既使员工避免了上下班高峰时在路上堵车，又使员工能更好地安排自己的生活因而使员工身心愉快提高了工作效率。当然，这种方法目前国内大部分企业估计还无法采用，特别是那些服务类行业，其上下班时间还得跟着客户走。

公司对于上下班时间一般都有明确规定，迟到一分钟扣多少钱早退一分钟扣多少钱考勤制定里都写得明明白白。但这会使员工在某种程度上产生不平衡：迟到一分钟就扣 5 元钱，那加班一分钟是不是应该奖 5 元钱呢？从某方面来看这也有其道理，不过估计没一个公司能做到。所以大部分公司下班点一到，员工很快走个精光，至于当天的工作有没有完成那可没人管了。

最近看了国内某公司关于迟到的规定，很受启发。该公司根据当地上班时交通堵塞的实际情况规定公司员工每月迟到 3 次之内，累计时间不超过 30 分钟不予计算，超过规定才扣钱。小小地一改让人觉得很有人情味，员工心里很舒服，所以公司下班时大部分员工能把手头工作做完后再走，没人再计较短时间加班的补助问题了。

我们公司很早就给员工提供带薪年假了，当初规定的带薪年假时间比现在国家规定的还要长。谁都不是铁打的，谁也不是从石头缝里蹦出来的，大家都有与父母子女相关的家务事要处理，大家都应该有些灵活的私人时间。有了年假后，大家可以根据需要合理安排休假时间，不会觉得一请假公司就扣钱从而在情绪上与公司产生对立。通常员工每年能有年假放松一下，回来后工作热情更加饱满，从而比休假前工作效率高。

不过我也发现一个现象：有的人虽然也结婚生孩子了，但多年来几乎从不请假，有的人却总是请假，同样一件私事，不爱请假的人一般安排在周末去办，爱请假的人却会在工作日请假去办，有时我不得不经常提醒一些业务骨干该歇年假放松一下了，看来工作在每个人心里分量是不一样的。

公司一直以来对请假管理得不是很严，员工请病事假经常在当天过了早晨上班时间以后，给公司各项工作安排带来不便，休年假更是常常先休再申请。基于此，最近公司重新制定了请假规定：凡病事假一律要在早晨上班之前向所在部门主管请；而年假必需提前向经理申请，批准后才能休，否则一律按旷工处理。公司人多了，该严格的地方还得严格啊。

由于行业原因，每年的春节前后公司业务量都会大幅下降，平时响个不停的电话没了动静，公司几十个人坐在这大眼瞪小眼无事可做。有时候我也会安排一些培训之类的内容，但效果不是很好，大家都很难集中注意力。于是几个经理一商量，决定员工轮流上班，节前几天和节后几天三分之一的人上班，其他人则放假。消息一公布，公司里人人欢欣鼓舞，但没想到一堆新的矛盾马上显现出来：

一、排班：大家都想在正式放假的头一天或放假结束后的第一天休息，怎么办？只能是官小的先挑，官大的后挑。

二、有人头一年的年假没休完，按公司规定到第二年的正月十五就作废了，本来想春节前后休，但公司这一定轮流上班，到正月十五他也休不完，是否可以顺延？

三、有些人节前几天每天有事需要上班，无法参加轮休，是否按照加班计算，发双倍工资或记倒休？

听到这些，我感觉很不舒服，怎么多让员工休息几天却产生出来这么多问题呢？本来按照国家规定应该正常上班的竟然还要求双倍工资，多休了四五天的人还想一直休到正月十五之后，这都什么逻辑呀？不过站在员工的角度考虑这些要求，觉得确实也有其合理的一面，大家无非希望在休假上公平。想来想去还是节前轮休这个决定出台得太草率，没有深思熟虑。

第二年春节前，公司再也不提轮休的事了，大家有年假的休年假，没年假的来公司上班，或整理下内务，或给客户打打电话拜个年，如果年假休完了又想多休，那就只能按照公司考勤制度请事假了。一切按照国家规定执行，顺理成章，没人有异议。

想想真是很怪，多给员工好处大家并不感恩，反倒有一大堆人抱怨，少休几天却平安无事。这真应了那句话：不患寡而患不均。只要做到相对公平，员工并不在乎多休几天少休几天。

❺❽ 经费预算额度

前些年经常遇到这样的情况：

某天，业务部主管前来请示："老板，最近业务不是很忙，我们部门的同事都希望公司趁这段时间组织一次海边旅游，以增强团队凝聚力，费用大概是XXX，你看行吗？"

行吗？这问题可真难回答。说行吧，公司上月刚组织所有人到郊区旅游了一趟，本月效益不是很好，这么多人去海边旅游又是一笔不小的额外费用，而且业务部去了，其他部门是否也应该一起去呢？说不行吧，部门主管的理由又是那么冠冕堂皇，如果老板拒绝了，那么员工所有的不满情绪都将集中到老板身上。

另一天，售后服务部经理又提交了一份申请：希望公司批准售后服务部门每月定期组织某项指标的竞赛，每月竞赛第一名发奖金XXX元，竞赛第二名发奖金XXX元，竞赛第三名发奖金XXX元……

我问他："你们部门不是有一项类似的竞赛每月正在举行吗，怎么又增加一项？"售后服务部经理回答："我和部门几个主管商量了一下，大家都觉得目前的竞赛覆盖面不够全，还有很多重要的指标也需要每月通过竞赛来强调，所以我们认为应该多组织几种竞赛，提高员工对这些指标的重视程度，同时也通过对竞赛优胜者发奖金提高大家参与的积极性。"

再有一天财务部经理找我说："最近财务部特别忙，大家都非常努力，也非常辛苦，我想组织部门全体人员下班后一起吃个饭放松一下，你看行吗？"

每年类似的请求都不少，批准还是不批准，批准张三还是批准李四，费用批准多少，让我很难把握。公司的每一个部门都很重要，每个部门申请活动的理由都很充分，如何用有限的金钱去满足无限的愿望呢？

年初的某天早上我在上班的路上一边开车一边听广播，无意中听到收音机里正在说今年的国家预算比去年增加了多少，其中教育经费增加了多少，国防预算增加了多少，农业补贴增加了多少等等。我忽然灵机一动，心想：既然国家每年各项开支都有预算，为什么自己公司各部门的开支不设立预算呢？如果公司制定了合理的预算，一方面花钱时心里有底，另一方面也可以节省不必要的开支啊。

说干就干，到公司后我立刻让财务部将上一年公司各部门全年费用的明细数据提供给我，然后统计出各项费用占公司全年总收入的比例，同时根据今年的总费用与总收入的预算参照上一年的历史数据按比例做出了各部门今年费用的详细预算，一切准备工作做完了之后，我召集各部门经理开会，将每个部门今年的费用预算公布出来，规定在预算范围内，各部门可根据自己的实际情况组织各种有益的活动：业务竞赛、外出旅游、拓展训练、体育比赛、聚餐、购买相关书籍、对部门中表现突出者发放额外奖金等都可以，只要提出申请有正当理由又在预算范围内我就一概批准，反正每个部门一年的经费就这么多，如何花、每次花多少各部门自己看着办。同时定出的还有各业务部门的招待费，此项费用的预算一方面参考了往年同类费用的发生额，另一方面结合了本年度各部门的销售任务计划。

各项费用的预算定出来后，为防止花钱时前松后紧，又在此基础上详细制订了每项预算的季度金额，规定凡某项费用发生额超过了本季度预算，财务部就一律停止报销，直到新的季度开始后才可报销领钱。

规定一出，效果很好，大家心里都有数了。其实所有的部门经理都有能力根据本部门的实际情况判断举行某个活动或某次请客吃饭是否必要，只不过公司原来没有经费预算限制，所以各部门向公司申请经费举办活动就是韩信点兵多多益善，反正公司的钱不花白不花。现在有了经费预算限制，每次花费的钱又都计入本部门的年度总费用，会影响年终利润考核，因此每个部门自然就会根据本部门全年的指标精打细算，再也没人会无休止地向公司提出额外要求了，我也不用总是充当说"不"的恶人了。

:: 宋博士观点：

好的预算要求企业完成从上到下以及从下到上几个轮回。在轮回的背后，是对于公司未来认真的讨论。不仅老板的意见重要，员工的看法也一样重要。既可行，又被大家认可，这样的预算目标才有可能实现。要让参与预算的每个人都相信并了解预算背后的逻辑。

❺❾ 财务制度之签字与凭证

几年前的一天,我正在座位上改广告稿,忽听到财务室传来争吵的声音,不一会儿,出纳小丽与业务员小马脸红脖子粗地走到我跟前。小马说:

"上周五我把一张三千元的支票交给小丽,今天会计又让我交货款,我说交给小丽了,可小丽不承认。"

小丽委屈地直掉眼泪:"我根本就没收到那张支票。我刚翻遍了所有的票夹,又查了银行对账单,根本就没有。"

小马说:"我明明放到小丽桌上,怎么会没有呢!"

小丽说:"经理你可以问问财务室的人,他们都能证明我绝对没收过小马的支票。"

一场糊涂官司,吵得我头都大了。

我说:"再去财务室仔细找找,墙角柜子后面桌子底下都翻翻。"

几分钟后,财务室传来一阵欢呼,支票从两张桌子的夹缝中找到了。

这件事对我触动很大,看来公司财务流程还有漏洞,万一这张支票找不到,该是谁的责任?真让我判断,我也无法决定。一直以来,公司对现金的管理比较严格,凡业务员交回现金,都由当班出纳现场收好并验明真伪,然后开具现金收据交给业务员,收据上写明金额、交款人、客户名称、日期并由交款人签字确认。业务员将收据的一联交给会计做账，会计每天根据现金收据对公司现金余额进行盘点，现金方面这些年从未出过差错。但公司对支票的管理相对松懈，一般就是由业务员交给当班出纳完事。

在这件事发生以后，公司立刻修改流程，规定凡当班出纳收到业务员交回的支票后，必须在业务员工作单上签字确认，而业务员事先也须在工作单上注明所交支票的支票号及金额，如有纠纷，随时备查，这样一环套一环，责任明确了，就很难再发生类似纠纷了。

总结这些年的教训，我觉得办公司，财务制度一定要健全并被严格执行。公司大了，人员素质参差不齐，如果财务制度上有漏洞，难免有人会加以利用并非法得利，这样不仅公司利益受到损失，而且起了一个坏的带头作用，其他员工会觉得自己不利用公司财务漏洞相对来说就是吃亏，如此下去公司风气越来越坏，真到不可收拾的地步时老板可就哭都来不及了。**千里长堤溃于蚁穴，任何小的财务漏洞都应予以弥补。**

同时，原始凭证也极为重要，好脑子不如烂笔头，谁也不可能记住半年一年前每一笔花销的细节，而一张规范的原始凭证正好可以弥补这一点。财务制度的严格及规范自有其道理，虽然有时看起来连老板自己也被限制了，但财务人员是否配齐，财务制度是否健全正是做企业和干个体户的重要区别之一，当我们从单干或夫妻店发展到三五个人的时候，这一环节是无论如何也绕不过去的。可惜当初自己比较愚笨不懂这些，也没有过来人给我指点迷津，所以创业之初我走了不少弯路，要不早发财了。

❻⓿ 不要让开会成为负担

打小我就讨厌开会,讨厌当众发言,这些年在公司虽然尽量避免召开会议,尽量避免参加会议,但有些时候还是躲不过去。我比较喜欢一对一当面交流,可人在江湖身不由己,有些事只有召集相关人员开会才能最迅速最有效地解决问题。既然躲不过去,我就琢磨怎样才能尽量少开会,怎样才能最有效率地开会。

关于开会,相信大家都很熟悉,根据我的经验,对于大部分小公司来说以下两种情况最常见:

一种是开会时一言堂,老板或主持人在上面讲,下面或鸦雀无声或漠不关心,大家该干吗干吗,讲完后也没讨论,谁也不把会议内容往心里去,最后一哄而散。这常见于公司或企事业单位的全体大会,属于走形式。

另一种是会议人数不多,会上七嘴八舌,每个人都只想说不想听,整个会场乱哄哄,最后的结果是与会者都头昏脑胀而且会上很难能形成决议。此类会议常见于部门等小范围内。

经营公司很长时间了,对于开会我也有了一些体会。

首先,公司目前的体制决定了我们平时应避免开非必要的流于形式且劳民伤财的全体大会，因为这除了满足经理的表演欲外通常不能解决任何问题，除非有事关公司生死存亡的紧急情况发生或主持人有希特勒一样的演说才能和煽动性。

其次，在召开必要的部门内或跨部门会议时，应做好充分准备，而且开完会后对于形成的决议要做好记录并监督落实，否则会议开与不开没有区别。而这必须开的会议根据我的经验，也可大致分为两类：

一类是老板或经理公布已定型的各类规定或公司政策，这时通常不需要与会者提出不同意见。这种会的气氛应在控制之中，功课应在会下做好，对于有可能的不同意见，开会前就应全面了解，对于重点人员私下要沟通好。**会议的第一个发言人很重要，他的发言常常会给本次会议定了基调，所以如会议组织者想按照预定的路线将会议进行下去，一定安排好第一个发言人。**有些对政策心怀不满的人经常在会上对某个枝节问题纠缠不清，不要顺着他的思路走，否则整个会议将一事无成。

第二类是管理者在做最后决定前听取意见的会议或没有预定结论的各类协调会议。这类会应当尽量少开尽量控制规模，凡与会议内容无密切关系的人员一律不参加会议，同时能私下一对一沟通的尽量私下沟通，这样既提高了效率又避免了当众争吵伤和气。有时在会上，对方其实心里已经同意了你的想法但碍于面子口头上也绝不会当众表态妥协，这就还需要会下再做工作。开会时要牢牢把握住会议主题，不过多关注枝节问题，千万不要跑题，这样能节省大量时间。

据说有的公司开会从来都是站着以提高效率，我想值得试一试。

:: **宋博士观点：**

管理就是开会，但开会不一定就是管理。大部分人都认为自己会开会，就像每个人都认为自己会吃饭一样，但不是每个人都会吃出健康。我们大部分人在开会，但大部分会议并没有效率也达不到管理者期望的效果。在这里，"会议五不原则"需要注意：一、不开没有主持人的会议；二、不开没有议题的会议；三、不开没有争论的会议；四、不开没有时限的会议；五、不开不做决定的会议。

❺ 发牢骚与开晨会

有一段时间经常听到公司里有人发牢骚,对这样那样的人或事看不惯,弄得公司里气氛非常不好,甚至影响新员工的去留。如何解决这个问题呢?总不能限制言论自由把员工的嘴堵住吧?

有一次听其他公司老板讲起他们公司开晨会的事:该公司晨会由员工轮流主持,每个人在晨会上都可以随意进行批评、自我批评或者表扬,员工可以批评公司里各种不合理的现象,不仅可以批评员工,也可以批评经理,同时还可以提合理化建议,大家都对事不对人,即使是经理在会上被批评时也必须虚心接受,不得随意反驳。这样做的结果不仅使员工加强了对公司日常管理的参与感,而且包括经理在内的每个人都觉得自己的一言一行在公司时时受到其他同事的监督,从而杜绝了很多不良习惯,同时普通员工还能够经常说出一些老板想说却不方便说的话,易于被其他员工接受,一举三得。

我听了这种方法后觉得很好,可以立即采用,我们公司也应每天早上开晨会,让大家轮流主持,自由发表意见。员工有了不良情绪之后在公司必须有宣泄的空间,所以我觉得管理公司应该像大禹治水一样,以疏导为主,不能一味地建堤坝来堵。

公司的头两次晨会我特意安排平常最爱发牢骚的员工来主持,其中一个上来就对公司副总经理日常的一些行为进行了批评,批评他制定规章制度只要求员工遵守自己却不时违反,搞特殊化还强词夺理。副总经理脸上有些挂不住,不过既然晨会前已经有言在先,他也只能虚心接受。第二天副总经理告诉我说他回去想了一晚上,还和老婆讨论了半天,终于想通了,觉得员工的批评是对的,是对公司发展有益的,今后他会立即改正。听了这话我很高兴,毕竟这也是我一直想解决的问题。

几次晨会之后,公司里发牢骚的人明显减少了,有什么问题可以晨会上说,效果很好,没有必要私下再发牢骚。开晨会还可以鼓舞员工的士气,让大家尽早进入状态,精神饱满地开始一天的工作;同时还能让普通员工参与到公司的管理中,增强员工对公司的认同感;由于晨会要求公司所有人都必须参加,公司的高层也不好意思找理由随便迟到了,这也算是一个意外的收获。

❻❷ 业绩上墙

公司里业务部和售后服务部对所有员工一直都是按照业绩考核的,每名员工都有任务,公司也按月或按季度进行各类业绩指标的竞赛,头几名不仅张榜表扬,而且还有额外的奖励。但是虽然大会小会强调各类考评指标,私下也对业绩差的员工不断督促,但常常收不到预期的效果。

公司售后服务部门有一名老员工李军每月利润一直不错,但是保修合同续签这一项指标一直上不去,每次让他加强这方面的工作他都不当一回事还振振有词地说:反正我的利润不低就行了呗,签保修合同需要和客户费很多额外的口舌,特耽误时间,有那功夫我还能多跑几个客户呢。其实李军也不是不想签保修合同,只不过原来在客户处碰了几回钉子就习惯性地放弃了,而且由于他每月利润指标完成得不错个人收入也不低,所以得过且过不愿在这方面下工夫了。虽然他不在乎损失一些收入但这样做显然对公司是不利的,同时还影响一些新员工对公司布置同样任务的重视程度,一定得想办法解决这个问题。

2007年有一次我偶尔参观一个专门做直销的公司Y公司。Y公司非常有活力,对员工的培训工作做得非常到位,业务员一个个精神饱满充满斗志。我发现这个公司的墙壁上贴满了花花绿绿的表格,所有人的各项业绩数值都明明白白地显示在表格中。我问Y公司的销售经理："为什么每个人的业绩都上墙公布出来？"销售经理回答道："这样做可以激发业务员的斗志，利用年轻人不服输的特点让每个人都充满干劲，而且业绩上墙公开既会给落后的业务员增加更大的压力，还便于各级经理随时掌握部门整体情况及每个人的状态，若发现问题就能立刻采取措施进行调整。"

我心想我也应该将这种方法用到公司里去。说干就干，回公司后我立刻召集几个部门经理开会，让他们根据部门情况设计表格，将业绩上墙的工作开展起来。

两天之后的早上，公司所有部门办公室墙上显眼的位置都贴上了本部门近期每个人的业绩报表，员工正三三两两地聚集在报表前议论。我听到售后服务部门两个刚转正的员工正对签保修合同续签率的报表指指点点，其中一个说：

"我还以为我这个月保修合同签得最少，谁知李军比我还少。"
另一个随口附和："可不是嘛，他来公司可比你早多了。"
此时正巧李军从他们身后路过，我看见李军脸上的表情讪讪的。

随后的几个月，我留意了一下每个部门员工的各项业绩考核指标，发现大家都有不同幅度的增长。原因很简单：一方面业绩太差公布出来不好看，另一方面由于各部门经理能更加迅速地从上墙的报表数字中发现问题，及时与员工沟通。我特地看了看李军保修合同的签订情况，发现他这项指标在公司虽然不是最好的，但也已经上升到了中游水平。

某次在走廊里碰见李军的时候我问他：

"保修合同怎么比原来签得多了？是不是找到什么诀窍了？"

李军对我嘿嘿直乐，脸一红，没说话。

❻❸ 画小红旗和小蓝旗

随着公司规模的扩大，人员和业务量都在不断增长，公司里总会有一些边缘性的工作没有专人去做，而需要大家协助完成，比如卸货、帮助搬运东西、公共卫生的保持等等。由于分工越来越细致，很多人对于分外的工作根本不愿意伸把手，反正自己不干总会有别人去干，又不影响自己的收入。负责协调的调度经常找我诉苦：拉货的车回来了，可她根本叫不到人帮忙，公司某些人即使手头暂时没事也总是推三阻四不愿搭把手，另一些人老干就会觉得自己非常吃亏，所以常常是调度自己和司机一起两个人慢慢搬运，她实在受不了这种天天求人的差事。

这种情况已经使公司的调度离职了好几个了，如何解决这个问题呢？曾经想过招专职物流人员负责这事，可是即使招了专职人员也不能保证他时时在公司，他外出的时候又该如何是好？也经常在开会时强调大家应该互相帮助，主动为公司分忧，可每次只能坚持几天，过后又一切恢复原样了，真让人头疼。

后来我想要解决这个问题无非用两种方法：一是精神上予以鼓励，一是物质上予以奖励。现在的社会环境下单单在精神上予以鼓励，指望把公司员工都培养成一心以公司利益为重，不计个人利益得失的雷锋类型的员工看来是基本不可行的；如果单纯以物质利益为导向来解决公司所有问题好像也不大妥当，容易在公司内部形成有钱赚就干，没钱赚免谈的风气；

最好是能把二者结合起来，找到一个恰当的平衡比较好。

还有，公司里拉货的小车本来有专门存放的地方，但是很多人用完后总是将小车随手放在公司进门处，不仅影响美观而且非常碍事，这个问题在公司强调了很多遍也一直没有得到解决。类似的问题诸如，有些人经常在公司里大声喧哗，有些人常在公司里抽烟等也是屡禁不止，这些该怎么办呢？

年前去孩子的学校开家长会，我发现她们教室墙上贴着一张巨大的表格，上面有班里全体同学的名字，还有卫生、课堂纪律、月考分数、课堂发言等众多考核指标，考核指标好的加盖小红旗同时奖励一定的分数，考核成绩差的加盖小蓝旗同时减去一定的分数。我问孩子这张表格有什么用？孩子说这个表格可重要了，每学期期末学校就按这张表格上的总分数来评定三好学生并决定谁能得到本学期的奖学金，所以大家都非常重视表格上的评比项目，千方百计地努力表现，而且还每天掰着手指头计算自己的分数。我听后觉得这真是一个好办法，应该引用到我们公司的管理中去。

回公司后，我立刻开始着手制作表格，写上公司全体员工名字及考核项目，贴在公司影壁墙背面，并规定如下：

评比考核细则：
1. 小红旗和小蓝旗

凡是某人做了好事，就盖小红旗，加一分；凡是某人做了不好的事就盖小蓝旗，减一分。年底计算每个人的总分，公司将拨专项资金，根据分数对员工进行奖励，计入当年的年终奖。例：公司假如当年拨款20000元用于本项奖励，全公司员工当年总分为2000分，则每分10元，如果某人当年分数为200分，则该员工年终本项奖金为2000元。

2. 所有人都有盖旗子的资格（暂定）

每盖一面旗子，当事人需将时间、地点、人物、事件逐项记录在登记簿上，缺少任何一项则旗子无效，其中盖红旗必须写明推荐人，盖蓝旗可以不写自己名字，但其他项目必须填写完整。推荐人必须对自己的行为负责，如发现某人弄虚作假，一经查实，则永久取消他盖旗子的资格，同时他原来所盖的旗子全部作废。

3. 什么事符合条件

正常工作日内的本职工作及已享受加班费等其他奖励和惩罚的各项事件不在本评比考核推荐范围之内，其他凡符合项目规定范围内的好事及不好的事都属于评比考核范围。

表格贴出来后，我在公司第二天的晨会上进行了详细的说明，并强调考核评比当天开始进行。当天下午，我从外面回来时意外地发现公司里平时干活最不积极的王鹏正张罗着在帮忙卸货呢。

❻❹ 培训和考试

我们公司曾经有一名售后服务部的员工跳槽到了另一家同行公司，入职后新公司对他进行了入职考试，结果该员工业务知识部分成绩不及格。其实这名员工在我们公司也算是老资格了，不过同行公司得出结论：XXX公司（也就是我们公司）培训跟不上，员工业务知识太差。消息通过其他渠道传到我耳朵里，我还不太相信，这么多年公司内部外部培训可没少搞，也投入了不少人力物力，不至于像他们说的那样差吧。为保险起见我想还是进行一次内部测试看看。

测试结果出来了，让我大跌眼镜。绝大部分人考试成绩不及格，大部分员工竟然连很多天天用的最基础的专业知识都答不出来，也不知他们的日常业务都是怎么应付的。

如何让大家记住各类专业知识呢？我想最有效的方法当然是考试，单靠培训是没有用的，公司培训频率再高，员工自己不努力还是记不住。于是，公司规定各部门根据自己的实际情况定期对员工进行各种测试，测试成绩影响员工的技术职称评定及岗位津贴额度，连续不及格者还会受到降级处分。

分数是学生的命根，考试是老师的法宝。自打规定出来之后，员工的专业测试成绩大幅度提高，不及格的人很少了。专业知识的增强对日常工作的帮助是不言而喻的，其实大部分公司的领导都知道光靠公司单方面的培训无法很快提高员工素质，考试是培训必不可少的后续手段。但是人都有惰性，不光员工，领导也一样，懒得经常对员工进行各种测试，想着反正该提供的培训我已经安排了，大家都是成年人，起码的自觉性应该有吧，其实绝大多数人还真没有。

另外从我公司历来的测试结果看，与想当然的认知恰恰相反，岁数小的新来的员工培训后考试成绩普遍好于老员工骨干员工的成绩，一个人一项工作干久了会故步自封，觉得自己对日常事务处理起来得心应手，从而下意识地拒绝学习新知识，拒绝任何改变。所以公司必须通过考试等强制手段逼迫员工去不断努力学习，掌握新知识，这对公司对员工本身其实也是一件好事。

:: 宋博士观点：

对于培训，每位老板和培训经理最关心，但同时也是最没有标准答案的问题是"如何评估培训的效果"，他们通常想知道如果投一元钱在咨询或培训上，他们能得到多少元的回报。如果我们把注意力放在通过培训帮助员工成长上，就不会纠结在花钱对公司有多少直接和定量回报这个没人能回答的问题上了。其实，只要衡量一下员工是否通过培训获得了必要的技能、掌握了某些领域的系统框架、开阔了眼界、对企业更忠诚、产生了积极的工作态度，就可以知道是否实现了培训的目的。

❻❺ 老板的首要任务

大部分公司的总经理都很忙,每天有很多重要的事情需要处理。经过这些年的实践,**我觉得对于我们公司来说,总经理的首要任务大致包括两个方面:一是设立公司目标并分配任务;二是协助员工完成任务并让员工看到希望。**

总经理一般是公司领导中位置最高的人,也是最了解公司整体情况的人,对于小公司来说,绝大多数情况下公司老板就是总经理。因为公司总经理最了解公司的整体情况,所以小公司应由老板来设立公司下一步的目标。一个公司要发展就必须要有明确的目标,哪怕老板心中确实没有明确的目标编也得编一个出来,否则公司员工会无所适从。

当然有了公司整体目标并不意味着老板的工作做完了,大部分公司毕竟不止一个部门,每个部门也不会只有一个人,所以需要将公司的整体目标分解到每个部门每个人,这样目标才具有可操作性。

而分解完目标也只是一系列工作的开头,目标也仅仅还是老板自己的目标,并不是公司每个部门每个员工的目标,在根据公司总目标制定完每个部门每个人的具体任务后,老板最重要的工作就是协助大家完成自己的任务,并为公司的每个人提供必要的支持,只有公司每名员工每个部门的目标任务都完成了,公司的整体目标才能够完成,而且老板还要让大家看到希望，明确一旦某人完成自己的任务后会得到什么样的回报。

同样公司的每个员工在听了老板制定的公司目标后都会想：这件事和我有什么关系，干成了我能得到什么好处。只有解决了这个问题，公司的目标才有可能变成公司里每个人的目标，公司的利益才会和每个员工的利益统一起来。

前一段时间公司业务部进行改革，根据公司的实际情况和行业里管理最好的公司的数据，我提出一个目标：三年内公司业务部门的总利润要翻两番，也就是增加到现在的四倍。为了让全公司的员工都认可这个目标，我同时提出：三年内公司员工收入实现倍增，当然前提条件是公司完成利润翻两番的总目标。

当我提出公司业务部三年内利润翻两番的目标时，大部分人都毫无反应，从员工的眼神里能看出大家对这个目标并不是很认可，都认为目标定得太大缺乏可行性，更不知从何入手。这让我想起以前从书上看到的一个经典案例，正好写的是如何将大目标进行分解的，于是我把这个故事讲给公司其他人听。

上个世纪初美国的一个牧师在传教布道过程中逐渐萌生了一个宏伟的想法：希望募集资金建一个全美国最大的彩色玻璃大教堂。

牧师是一个信仰坚定而且效率很高的人，很快他找人做了设计方案并估算了一下造价，大概需要500万美元。但当时美国人月平均工资只有不到100美元，500万美元是一个天文数字。找谁能一下赞助500万美元呢？牧师仔细盘算了一下：全美国能一下拿出500万美元的富翁掰着手指头就能数过来，也不知道这些富翁信不信上帝，而且这些富翁他一个也不认识，退一步说，即使牧师认识其中某个富翁，这个富翁也信上帝，又怎能要求人家一次掏出 500 万美元呢？

牧师很长一段时间为此苦恼，不知如何着手募集资金。后来有一天他忽然灵机一动：为什么不将大目标分解为容易实现的小目标呢？既然找不到 1 个能一次赞助 500 万的富翁，那是否可以找 2 个能赞助 250 万的富翁，或者找 10 个能赞助 50 万的富翁，这听起来似乎容易多了。顺着这思路他继续想，如果我不去找大富翁而去去找 1 万个普通人每人赞助 500 美元或干脆在全美国找 500 万个人每人赞助 1 美元，目标应该就可以实现了，至少立刻就能着手开始干了，牧师越想越兴奋。

第二天牧师便在布道的过程中开始宣传自己的理想并招募志愿者，他计划用十年的时间完成这一壮举。很快，募捐活动轰轰烈烈地开展起来了，实际情况比预想的好得多，不到两年的时间，根本还没找够 500 万人，500 万美元资金募集齐了，而全美国最大的彩色玻璃大教堂也在这两年时间里随着资金的逐渐到位顺利施工并完成了。

牧师的理想实现了，一个看起来不可能实现的大目标通过分解细化就这样顺利达成了。

我想同样方法也可运用到业务部三年业绩翻两番这件事上，我将翻两番后的数字分解到每个小组的每个客户身上，再根据每个客户每年平均产生的利润计算出需要多少个客户才能实现既定目标，然后算出增长率，统计出在客户每年产生的利润维持不变的情况下平均每个月每个小组需要新增多少个客户，或者在增加新客户的同时提升每个原有客户每年所产生的利润，这样在新增客户的数量指标上就还可以适当放宽。

同时也为一步一步实现上述目标公司该如何调整现有岗位、分配工作、配置人员、改进考核方案等做好了计划。经过这样详细地分析和任务分拆，大部分人都不再觉得三年业绩翻两番的目标高不可攀，我在将任务大致分解后又要求每个小组自行根据公司分配的任务制定每年的增长计划和每月的行动考核方案，之所以让各小组自行制定目标主要是让大家在定目标的过程中加强对公司整体目标的认同，减少抵触情绪。

当然在各小组制定目标过程中会产生这样那样的问题，我告诉业务部各个负责人为实现业绩的增长大家可以向公司提出自己的要求，公司在能力允许范围内将对每个组的合理要求尽量予以支持，这也大大增加了一线人员实现目标的信心，减少了他们的后顾之忧。

∷ 宋博士观点：

制定一个合理的目标，我们就实现了目标的一半。设定目标很关键的一点，就是设定个人的目标，设定个人一年、一个季度、甚至一个月的目标。因为只有把目标分解到个人，才有希望实现整体的目标。设定目标的几个原则是：一、制定尽量少的目标；二、制定具有挑战性的目标；三、把目标尽量地量化；四、目标和你的措施和资源要相匹配；五、局面越是困难，就越需要短期目标；六、目标应该有书面记录。

第五章　老板如何把握公司方向

　　小公司要长大，就要历经不同的成长阶段，而在每个阶段都有着相应的发展方向和目标。如果小公司在某个关键的发展阶段走错了方向、定下了错误的目标，就会给公司将来的发展埋下深重的隐患，不仅会让公司错失发展良机还有可能让公司从此倒闭。因此，作为公司领头人的老板，务必在公司方向管理上下大力气，要学会根据公司不同的发展阶段定好公司的方向。

❻❻ 领军人才是开展新业务的前提

先有兵还是先有将,这个问题有点像那个古老而又著名的哲学命题——先有鸡还是先有蛋,区别在于前者我认为应该是有现成答案的而后者几千年来人们一直争论不休。

早些年时我总觉得只要有合适项目,管他能不能找到带队的项目负责人,先上了再说,当时觉得干着干着自然就能找着人领导实施该项目了。事实往往与美好的愿望相反,上次开饭馆时就是因为没找着内行人进行管理结果赔得一塌糊涂,后来公司决定增开新门市,又因为门市经理迟迟找不到,结果新开的门市不仅员工流失严重而且大部分门市都赔钱,最后还没等到选拔出合适的部门经理就陆续关门大吉。

有了以前的多次教训,我是越来越"胆小"了(好听点说是成熟了),现在进行任何新业务时,我都首先考虑是否能先找到合适的负责人来领导员工开展工作,如果能找到合适人才则新项目可以上马,如果找不到合适负责人则无论新项目多么诱人也坚决放弃。

2008年年初我发现某项新业务与公司现有业务结合十分紧密,而且利润比较大,应该尽快介入,不过这回公司没有盲目上马,而是用了将近一年的时间与该项目各个生产厂家进行接触，熟悉此项业务，并且最后成功将某个厂家驻京办的人员全部挖了过来后才上马这个新业务。此项业务由原厂家驻京办的负责人来担任新成立部门的部门经理，由于新部门经理不仅工作能力很强而且对该项目极为熟悉，知道如何进行市场运作，所以部门一成立就能马上开展起业务并实现当月赢利，有效降低了风险，从而避免了公司投资的盲目性，减小了初期运营成本。

2009年由于市场整体销售形势不是很好，为了迎接挑战，改变被动局面，公司决定单独成立直销部来辅助现有业务部以进一步提高市场占有率。我仔细考察了公司的每一个人，发现公司内部没有合适人选能负责直销部的工作，于是在部门成立之前我首先进行直销部主管的招聘工作。经过一段时间精挑细选，公司终于招聘到一个有多年相关工作经验的直销部主管，在部门主管确定之后我再与他深入沟通，根据他的建议，由他亲自负责直销员的招聘工作，并且按照他的要求配备人员组建了直销部。目前新部门工作一切正常，业务正有条不紊地进行。

其实先有兵还是先有将这个问题对于一个成熟的公司老板来说答案很明显：没有行家里手，没有合适的负责人而盲目地上新项目，这对公司来说风险太大了。虽然公司刚成立时老板也不见得是所干行业的专家，但毕竟此时老板心无旁骛全身心地投入到了所开展的业务当中，所以成功的机会相对较大，以后公司再开展新业务，老板就是有三头六臂也不可能每个新业务都亲自全身心地投入，因此寻找合适的能独当一面的负责人就成了老板本阶段唯一的选择。再笨的老板也不会天真地以为只要找一个项目，随便安置几个人再投点钱就会源源不断地产生利润吧，没有统帅的军队是不可能打胜仗的。

∷ 宋博士观点：

　　如果我们在市场上找不到合适的人才，自己又无法短期内培养，该怎么办？柳传志有个"三不原则"，我想能够帮助我们解决这个问题。当柳传志被问到什么样的投资他不做的时候，他的回答是，"做不好的事情不做""没有足够投资资金的事情不做""没有合适的人去管理的事情不做"。我想这最后一条就是说在没有合适的领头人的时候，"无论多么诱人的业务都不能做"。

❻❼ 多元化：隔行不挣钱

这句话放在90%的公司身上是对的，当然，如果你觉得自己是那剩下的10%，也不妨一试。

其实看看国内外各种百年老店，基本上都是单一经营，在一个行业里同一件事干得长了，经验丰富，行业里不但人脉广，市场上口碑也好，多年的商誉积累下来，很多事闭着眼睛都知道怎么干。跨行业经营就不一样了，无论在原行业多么成功，一旦跨行业经营，每天面对的就会是陌生的市场、全新的技术和各种未知的风险，没有充沛的精力和聪明的头脑外加良好的运气是很难获得成功的，特别是在门槛低竞争激烈的成熟行业就更是难上加难了。

一般来说，公司只要能坚持个三五年，挣了点钱，老板就会开始琢磨再干点什么。大部分人都会觉得自己的行业不如别人的行业挣钱，很不幸，我就是其中一个。

上世纪末，在经营公司四五年后，手头有了一点活钱，别人一怂恿，自己脑袋一热，开了个饭馆，从此烦恼不断。当初本人觉得自己销售方面颇有天赋，开饭馆肯定没问题，这些年各类广告策划没少做，小小一个饭馆略施手段还不很快就让它火起来？谁知这该死的饭馆光有策划销售根本不行，虽然通过营销手段能让顾客到饭馆来，但菜做得不好吃别人最多只来一次。偏偏我自己不好吃喝，也没耐心和大厨琢磨新菜，对饭馆的管理又一窍不通，所以饭馆的菜品全是大路货，实在没有什么特色。而且开饭馆还要在进货结账、卫生防疫、工商公安、后厨管理方面样样要跟上，起早贪黑累得要死，跟开一般的公司根本不一个路数，本人实在没耐心，找了个公司部门经理去负责，更是管得一塌糊涂，饭馆采购吃黑钱，大厨私自走菜，服务员跟走马灯一样更换，不到半年饭馆在更换了三种菜系赔了几十万后关门了事。现在如果谁再跟我提开饭馆我跟谁急，去饭馆吃饭行，投资之类的一概免谈。

如各位有兴趣要开饭馆，根据我的教训，一定先想明白以下几点：

A. 你是否能起早贪黑吃得了苦。如果你自己不是那块料那是否能找到一个既能吃苦又让你放心的人去替你盯着。

B. 如是接别人转让的饭馆搞明白上家为何转让（不可只听一面之词，一定在该饭馆蹲两天）。

C. 饭馆租金、人员开销等费用核到每天每张桌子是多少钱，必须弄明白你的饭馆定位、面向什么层次客户、一天能翻几次台、平均每桌消费多少毛利率多少（一定要掰着手指头算好，不行连脚指头一块上，否则赔死你）。

D. 附近的工商、卫生、公安、地痞流氓（如果有）你是否搞得定。

E. 停车问题。

F. 找大厨。找着后如何管理——是后厨承包还是流水提成？

G. 你老婆（或老公）是否愿意做采购或找个像你老婆（或老公）一样对你忠心的人做采购。

H. 饭馆服务员可得管吃管住，而且工资近期增长很快，预算要留出富余。计算不好你就只能剥削你自己外加你爸你妈你老婆（老公）。

……

还有 N 多问题自己想吧。

据我的经验,饭馆和美容美发都不好干,一般如果不是老板亲自盯着很容易赔钱,只要看看报纸上分类转让信息就知道,最多的基本就是这两个行业。

顺带说一句,本人的副业还曾有过服装、节电设备等等,但都没挣到钱。

:: 宋博士观点:

关于哪个行业赚钱的问题,有这样一句话"世上只有最会赚钱的企业,而不会有最赚钱的行业。"我认同这个观点。企业的致富之道其实只有两个:一个是投机,一个是投资。投机者可以看做是游牧民,到处寻找肥沃的土地。但我们知道,这样的好事在现在的世界上越来越少。而投资者则在耕耘自己的土地,为自己培育未来的"摇钱树"。

❻❽ 公司不能让所有客户都满意

从小我们受的教育就是为人民服务，无论做什么事情，我们都希望人人对我们都满意。各种管理书上，各类媒体上，大家会看到许多公司或组织为每一个客户提供优质服务从而让人人都满意的案例：有110民警早晨为打电话求助的市民买早餐，有某某公司半夜12点为客户免费修空调，有某某公司驱车数十公里为客户送一个价值十几元的商品等等。刚办公司时，我就暗下决心，一定要做好服务让公司所有客户都满意。

一开始，公司确实基本做到让每一个客户对服务都满意。无论节假日，客户需要服务，我们随叫随到，本应送修的商品，客户要求我们上门免费修理，我们就上门免费修理，价值很低的货物我们也送货上门。但过了一段时间我发现，大部分客户都满意了，但公司利润却不能让我满意。每天忙得焦头烂额，月底算账却挣不到多少钱，频繁的节假日加班让公司员工也牢骚满腹，而且对每一个客户平均分配人力，一些大的优质客户与小客户一样排队等待安排服务，造成了对重点客户服务响应时间过长，重点客户有流失的迹象。

有次一个个人客户从我们公司购买了一台价值几百元的产品，回家不会用，打电话让我们上门去教她。按照厂家规定，此类产品是不提供免费上门服务的，但既然顾客有要求，本着为人民服务的精神，我们安排了技术人员上门去教她，一来一去五六个小时。

过了不久，这名客户又打电话说在使用设备过程中遇到问题，我们让她看说明书，她说看不懂，我们让她到公司来学，她说没时间，于是我们又免费上门教了她一次，这次我们明确表示以后再有类此情况就要收上门费了。

一个月过去了，该客户再次提出了同样要求，这回我们实在受不了了，公司客服对她说本次上门服务需要收服务费一百元。客户坚决不干，客服解释说该产品厂家规定不提供免费上门服务，客户反问那为什么前两次你们能提供免费上门服务而这次不行！由于实在无法如此持续提供免费上门服务，我们婉言拒绝了她的要求，她大发雷霆，立刻就打电话到厂家投诉去了。

痛定思痛，经过反思，我认为，应当放弃理想主义，从实际出发。**开公司根本无法做到让所有客户都满意，公司应首先让老板及股东满意，其次让公司员工满意，下一步才是让能为公司带来大部分利润的重点客户满意，如果还有精力，再满足一般客户。**

二八法则十分适合解决这方面的问题，既然公司80%的利润都是由20%的重点客户产生的，当然我们应将至少80%的人力和物力投入到为这20%重点客户服务上，对此类客户，服务要保证随叫随到，挣钱时去不挣钱时也要去。对于一般客户，只需保证行业规定承诺的服务，力争尽量缩短相应时间，尽量提供优质服务，对于承诺外的服务，则应明确予以拒绝，一切按国家规定走。

还有部分客户，对价格极为计较，公司在这类客户身上基本挣不到钱，这部分客户通常会拒绝支付任何人工费用，他们认为售后服务只要不更换零配件就不应收费，设备一般修理及电脑软件调试应无限期免费，人工费根本就不应该收。对于此类客户，我认为只需保证最低标准的服务，规定外服务一律不予提供，尽量保证不因违反《消费者权益保护法》被投诉即可。

道理想明白了，措施也就好定了。经过实践，发现以上方案还是比较可行的，至少公司利润上升了，员工抱怨也大为减少，至于极少数客户的投诉有时是免不了的。反正公司只认一个道理：对一般客户，该我们提供的服务我们一定提供，不该我们提供的服务，我们不予提供，我们是为人民服务，但我们只为愿意付费的人民服务。现在社会环境就是这样，如果我们开公司的让所有人都满意了，最后自己一定无法满意。自己都不为自己公司和员工着想，没有人会可怜你的，毕竟公司存在的唯一理由是利润，企业的第一位目标是生存和发展，一个长期亏损的公司既不能让老板和股东满意，也不能让公司员工满意。

国家规定节假日员工加班需要支付20%甚至30%的工资，但绝大部分客户一定不会认可你节假日加倍收取服务费，如果那么做了，他们会骂你奸商。因此，对于一般客户，我们节假日通常是避免提供服务，客户要过节，我们公司的员工节假日也要休息，好歹我们也要对得起自己公司的员工吧。既然我们无法改变社会，我们只能选择去适应这个社会，违法的坏事我们不做，不该我们做的事我们也不做（公益事业除外）。

:: **宋博士观点：**

每一个企业必须找出最适合自己企业的客户，有意识地放弃那些代价高昂、却不能为企业带来太大收益的客户。如果我们根据客户对企业的价值（如他带来的营业额、毛利）排一个顺序，我们通常会发现少数一两类客户会占到我们收益的50%～80%。这一两类客户应该就是企业的目标客户，企业必须用最卓越的服务把这些客户捆绑在自己身上。只有放弃价值不大的客户才能集中到最大价值的客户。客户不是越多越好，而是越准确越好。

❻❾ 以客户为中心建立部门

前一段时间我注意到公司的各个业务部门已经连续三四年业绩上没有明显提高了,而公司的整体赢利水平也一直徘徊不前。组织各部门经理讨论后,大家分析出的理由也无外乎以下几点:

一,目前是买方市场,客户选择余地大,维护老客户成本高且获得新客户困难;

二,同行公司同质化现象严重,全靠价格竞争,不再像原来一样能够获取高额利润;

三,这些年各项费用增加很快,抵消了大量新增利润。

至于改进方法,谁也提不出让人眼睛一亮的建议,难道这个行业就这样了?

后来公司的几个部门经理外出开会时与同行进行了交流,结果发现行业里并不是所有的公司都是这样,同行做得好的公司人均利润是我们公司的四五倍,还有的公司已经靠这块业务成功地上市了。看来并不是我们所从事的行业不行,而是我们自身做得太差,那么其他优秀的公司是如何操作的呢?费了一番周折通过多方面打探,我终于了解了个大概:与做得好的同行相比,我们公司最大的问题出在业务部门的设置和日常业务流程上。

按照中规中矩的方法，公司的业务部门主要分为销售部和售后服务部两块，凡是涉及新客户开发和设备销售方面的业务自然由销售部门负责，凡是牵扯到设备购买后服务及耗材的购买就由售后服务部门负责，为了减少部门之间不必要的竞争公司还严格规定了各部门不得涉及其他部门的业务，否则即使成交也不计算业绩。这种传统的部门设置方法看起来并没有什么问题，但仔细一推敲就会知道这样的设置法已不能适应目前激烈的市场竞争了，因为出发点错了。

传统的部门划分方式是按照业务流程进行的，也就是以公司为中心，而现在先进的做法是一切以客户为中心，以满足客户需求为最高目标。大家都知道：公司存在的唯一目的就是赢利，在市场经济条件下一个长期亏损的公司是不应该存在的。而利润从哪里来？利润的来源当然是客户。一个公司的客户最能体现这个公司的价值。

以前员工接到客户的电话的时候如果得知事情在本部门的业务范围，就及时响应，但如果是别的部门业务范围，就常常要求客户拨打另一个电话号码而拒不转接。这样做通常让客户很不满意，客户抱怨说："你为什么不能解决？一点小事把我支使来支使去！"显然这种做法极不利于客户特别是重点客户的维护，因为越是肯花钱的重要客户对服务要求越高，况且每时每刻都有一大堆竞争对手在虎视眈眈地盯着我们出错好代替我们去照顾这些优质客户。如再不改变目前的业务划分状况，类似的问题还会出现。

根据公司目前的状况，我挑了两个售后服务部的维修小组做试点改革。每个小组除原有人员外另配上两个客户经理，负责响应客户的购买、维修、保养、耗材等一切要求，设立统一的400电话，客户只要拨打公司的 400 电话就能解决所有问题，同时规定公司的客户经理还要定期上门去了解客户特别是重点客户的实际情况，不仅要熟悉所服务的客户还要开发现有客户的消费潜力，在保住现有客户基础上积极拓展新客户，真正做到良性循环。

　　这样坚持了一年时间，我发现试点维修小组改革的效果非常明显：一方面客户流失率大大降低，另一方面新设备销售数量增长很多，最让人欣慰的是在停滞了数年后，售后服务部凡是实行了改革的小组年人均利润都有百分之三十以上的增长，相关员工的收入也有大幅度的提高，真正实现了客户、员工、公司三赢，这更坚定了我继续进行改革的决心。我想没准哪一天，我们公司也会彻底取消销售部，整个公司只有一个业务部——客户服务部。

❼⓿ 推行改革要慎重

一个国家需要根据时间和周边环境的变化不断进行改革，一个公司也是一样，不过改革是一把锋利的双刃剑，进行得好，公司发展上一个台阶，进行得不好，公司会倒退甚至从此一蹶不振。有时进行改革和下围棋有点类似，同样是那几个步骤，还得讲究先后次序，虽然面面俱到但若次序不对照样是满盘皆输。

同行 A 公司 2008 年对售后服务部门进行改革，这事给了我很大的启发。

各个行业的售后服务部门估计都存在同样的问题，维修人员独自在外上门为客户修理设备，每天都要面对各种各样的诱惑，时不时会有客户对维修人员说："干脆便宜点，我给现金不要发票，维修费你自己留着，回去就说客户要求不修了，公司打电话核实我帮你应付，这样大家都得实惠。"很少有维修员能长期抵制如此诱惑，所以维修员做黑单干私活是行业里的普遍现象。

A 公司老板想要改变售后服务部门现有管理方式，他从某著名家电企业售后服务部门高薪挖来了一个主管，将家电企业售后服务部门先进的管理方法改造后移植到自己的公司，在 2007 年下半年某月末召开公司全体会议，宣布自第二个月开始，售后服务部门进行改革，一切按照新规定来。售后服务部门员工一片哗然，大家根本无法接受这突如其来的变化，但老板主意已定，改革如期进行。一时间A公司员工怨声载道，连我都有所耳闻。不到半年，A公司售后服务部门老员工大半离职，该部门利润也从每月三十多万元掉到每月七八万，虽然随后每月都在小步增长逐渐恢复，但我觉得付出的代价还是太大了。

最近我公司售后服务部门也正在实行改革，有了同行的教训，我决定进行和风细雨式的改革。**改革分阶段先从局部做起，待积累了经验且时机成熟时再全面推广，这样虽然看起来花费的时间长了些，但潜移默化的改革能避免公司内部矛盾激化及人员大量流失**，同时也不会牺牲太多利润。

首先公司先单独成立了一个新的部门，然后挑出部分重点用户及几个刚转正的维修人员编入该部门并重新制定规章制度及考核方法。公司售后服务部门有一个主管能力很强，个人利润也是该部门最高的，他强烈反对新的考核管理方法，认为以后如在整个公司推广的话对维修员极为不利。于是我将他单独叫来，向他详细分析了行业发展方向及公司发展前景，讲明了旧制度对公司进一步发展的阻碍，使他接受了不改革公司将来就无法生存的道理，同时征得他同意后在不减少他个人收入前提下任命他做新部门的主管，告诉他新部门是公司发展重点，而且随后还将迅速扩大，并让他根据公司定的改革方向写出管理新部门的具体操作细节。由于获得了更大发展空间而个人收入又不减少，他愉快地接受了新的工作，认可了公司的改革。经过一系列的工作，目前公司内部基本消除了改革阻力，新部门也一直运行良好。

:: 宋博士观点：

事实上很多企业都存在这个问题：一方面企业因为种种原因不得不改

变，另一方面很多改变改变往往被员工看成是瞎折腾。这便是改变或者说改革有阻力的原因。如何协调公司改革和员工反映之间的关系呢？有五点可以借鉴：1，企业整体上一年有一次大的调整，通常在年底/年初，一次小的调整，通常在年中；2，减少调整次数（即减少折腾）的关键是尽量不做错误的方向性的决定；3，决策时要考虑员工的适应能力；4，决策流程让员工更多参与，尤其是底层员工；5，坚持基本的做事原则。总之，企业要勇于创新，但不能把创新变成折腾。

❼ 改革的技巧：拉反对者下水

公司各项政策根据外部环境的变化需要不断调整，管理公司和治理国家一样，有时会在某方面从根本上进行改革，大部分改革虽然对公司发展是有益的，但会在一定程度上影响某些人的既得利益，如何在公司利益和员工利益之间把握好平衡呢？如何避免两败俱伤或者一荣一损的局面从而达到双赢的最高境界呢？这个问题很难解决，很久以来一直让我头疼，近期我进行了一些尝试。

公司售后服务部门对员工一直是按照本人当月的业绩进行考核的，当月个人利润高，工资奖金就高；当月个人利润低，工资奖金就低。这么做能充分发挥每个人的积极性，从某种程度上实现利润最大化，但缺点也很明显，因为实行专人专户的操作模式，公司里只有特定维修员对所负责的客户非常熟悉，一旦该维修员跳槽或单干，往往将这些客户带走，公司却无法控制，这样的事情几乎每年都有，给公司带来不少损失。

近些年我参考国内外同行的先进经验，决定对这种模式进行改革。为避免仓促改革对公司赢利影响过大，我在售后服务部门先拿出一个小组进行改革试点，实行客户经理负责制，即对于同一个客户，公司对应有两名客户经理分别负责其售前和售后服务，而维修人员只负责日常维修任务，且某个客户并不只由指定维修人员专门负责，同时不再考核维修员的个人利润，一个小组对客户经理考核其所在组总体人均利润，对维修员只考核其工作量及工作质量，这样一个客户由多人负责，会销售的不维修，会维修的不负责销售，不仅增强了人员的专业性，便于深挖客户潜力，而且减小了客户流失的风险。

此方案如果实行，受影响最大的必定是小组里原来收入最高的维修员，他一定会极力反对，如何解决这个问题呢？我想，只要保证他收入，让他从这次改革中受益并成为改革的实际参与者，问题应该能够得到解决。于是我将试点小组中利润最高经验最丰富的维修员老赵安排到售后客户经理的职位上，负责组内所有重点客户的售后服务管理，在改革的初期保证其月收入不低于以前的平均水平，同时让其了解到如果努力，提高小组人均利润水平，个人的收入以后还会有一定的提高，而且职位还升了。通过不断地做工作，详细地分析，老赵接受了改革方案，并愿意配合公司做组内其他人的工作，这就保证了改革能够顺利进行。

两个月后，试点小组的改革波澜不惊地开始了，整个小组的业绩比较平稳，不仅未出现大的波动而且稳步上升。

又过了一阵，老赵向我诉苦说晚上经常睡不着觉，总在琢磨如何提升小组的整体业绩，如何处理日常客户的各种问题。我听了简直高兴死了，如果公司有很多员工晚上都因为考虑这些问题而失眠，那我晚上一年到头岂不都可以踏踏实实地睡觉了。

㊷ 管理好分公司

分公司管理一直是个难题，原来我们曾经在外地与当地人合作开过一个分公司，刚开始时总公司派人去分公司当经理参与经营，后来派去的人不愿长期在外地生活，于是又改成大家轮流去分公司，每人住一个月，结果造成分公司经营思路前后不统一，业绩大起大落，当地的合作方也非常不满意，最后公司对分公司逐渐失去了控制，不得不赔本撤出股份，而分公司也在不久后结束了业务。

基于此次教训，公司在随后很长一段时间不敢在外地再开分公司，虽然安全了，但也丧失了不少扩大发展的机会。有时候常想：到外地开分公司最好还是尽量在当地招人，本土化比较好，毕竟总从总公司派人去不仅费用很高，而且很少有人愿意去，除非报酬足够高，而公司目前从事的行业属于充分竞争的行业，很难为员工提供高额报酬，真是难哪，同行有不少公司在全国各地开了几十个分公司，他们是如何管理的呢？

在与外地一个同行老牛交流时常听他说起当地有一家北京某行业内著名公司 A 公司开设的分公司，管理得非常有特色，分公司负责人孙经理是当地人，不仅生意做得有声有色，而且对总公司无比忠诚，好几次当地有人愿意投资与他合伙经营还让他占大头他都不为所动，老牛非常奇怪，问了孙经理几回 A 公司是如何管理分公司的，到底给他什么样的丰厚报酬都没能套出话来，后来终于有一次俩人一起喝酒，在孙经理喝得半醉后，老牛到底问出个大概。

原来 A 公司首先在当地开设分公司，大量招聘当地人，刚开始时由总公司派人出任分公司经理，然后通过对当地员工的考察，能力突出的迅速提拔到各级管理岗位，再经过一段时间的观察挑选出人品好、能力强的当地人出任分公司经理职位，总公司老板通过分公司前一段时间的运营对当地市场有了详细了解，而分公司业务也逐渐步入正轨，能开始赢利了。此时总公司老板与分公司经理协商，由分公司经理出面承包分公司，分公司现有注册资金原封不动，分公司经理独立操作业务，全权负责分公司人事，所有产品不一定非从总公司进货，可根据市场价格自由选择从对分公司最有利的地方进货，每年只需向总公司缴纳注册资金的百分之二十作为资金占用费即可，每年分公司产生的利润除上交部分外全部归分公司经理自由支配，但接受总公司财务监督。分公司孙经理对业务和公司目前的状况了如指掌，觉得承包方案非常合理，分公司来年赢利板上钉钉，于是愉快地接受了总公司的方案。

由于分公司人员基本都是当地人，运营成本低而且人脉广，又有总公司提供的各类优势资源，所以业务越做越大，非常挣钱，到年底除去上交总公司的费用外剩了不少钱，分公司孙经理给员工发完年终奖后希望用结余的钱买房买车，总公司老板全部同意，而且亲自过来帮助孙经理挑选。

老牛有些好奇，问孙经理：

"这些年你的翅膀也硬了，也不缺钱，为什么不独立出来干呢？"

孙经理说："我独立出来干就没法打 A 公司分公司的名号了，总公司这么有名，对我开展业务大有帮助，而且总公司又是很多著名品牌商品的总代理，价格有优势，有时候随便向我们透露一个内部消息，让我们囤点货，差额利润比分公司一年上交的费用都要多，我干吗要自己干哪，大树底下好乘凉，再说所有业务我自己做主，和自己干没区别。"

老牛不由得赞叹到：

"你们总公司老板真聪明，不过他让你们随便进货不是无法保证总公司销量了吗？而且为让分公司从总公司进货，他还必须降低批发价格，还能挣到钱吗？"

孙经理说："我们老板聪明着哪，他知道无法保证分公司每笔业务都从总公司进货，所以干脆放任不管，完全靠市场手段吸引分公司从总公司进货。A公司在全国有几十家分公司，出货量非常大，所以总公司有足够的资本去找厂家要低价，而且哪怕批发给分公司不挣钱，每年还可向分公司收取注册资金百分之二十的费用，五年时间投资就收回来了，老板已经很满足了，再者由于进货成本低，总公司自己的很多直营业务也非常挣钱，老板说每年靠良好的业绩他还可以向厂家争取很多额外的返点，所以总公司只挣分公司挣不到的钱。而且由于管理方法得当，虽然A公司在全国分公司越开越多，老板却越来越悠闲了。"

听完老牛的介绍我深有感触，A公司老板真聪明啊。虽然从某个局部来看，他没能获取最大利润，但总的来说由于管理得当，他得到的总体回报大大超过行业平均水平，看来A公司老板深谙欲要取之必先予之的道理。

❼❸ 从单纯追求规模到追求人均利润

扩大公司规模几乎是每一个老板的梦想，想象中公司规模大了，那就要什么有什么了，管理一个上万人企业的老板绝对比一个管理百十来人小企业的老板神气多了，一直以来我也是这么想的这么做的。

过去一些年，我一直致力于扩大公司业务部规模，增加业务员数量。其实公司每年新增的客户数量是有限的，而我又在不停地新招业务员，如何解决这一矛盾呢？通常情况下我会先安排老业务员带新业务员，当一个新业务员成熟后，我就让几个老业务员各分一些客户给这个新业务员。一般情况下，老业务员谁也不愿意将优质客户分给其他人，所以新业务员得到的客户基本都是含金量低的及难于打交道的劣质客户，这种情况下新业务员很难取得良好的业绩成长起来，收入也上不去。有时候新业务员招的多了，分走了老业务员过多的客户，老业务员的业绩也会直线下降。时间长了新业务员留不住，老业务员也会觉得没有奔头，纷纷离职，业务部人员过度流动问题一直困扰着我，我常想：公司对待业务员非常不错了，不仅工资待遇高于行业平均水平，还给每个人都上了五险一金，为什么还是留不住优秀的业务员，哪个地方有问题呢？

近两年，劳动力成本急剧上升，员工纷纷要求涨工资，招聘也日渐困难，而公司销售的产品利润并没有相应增加，这迫使我放弃单纯对业务部规模的追求。道理很简单：一共只有一锅饭，如果十个人吃大家都能吃饱，二十个人吃大家都只能吃个半饱。公司只有这么多客户，根本不应该过度地招聘业务员，而应该提高每个业务员所创造的人均效益，这样才能做到公司和业务员双赢。如此简单的道理我竟然一直没有想明白。

做法改变后我将小组的人均利润作为重要的指标列入对业务部各主管的考核范围，同时除非不得已停止招聘新人，鼓励老业务员提高效率，深挖有价值客户的潜力，提高单个客户利润。调整做法后，我发现业务部利润竟然随着人员的减少而增加了，同时老业务员的个人收入也有了明显提高，大家更有干劲了，骨干业务员近一年了一个都没有流失，这在以前是不可想象的。

∷ 宋博士观点：

企业追求短期利润的结果，通常是毁掉企业长期发展的根基。而真正从客户利益、长期发展的角度出发做事情，反而更能增加一个企业持续的赢利能力。企业要勇于放弃短期利润，追求企业和行业的成长；要真正地为客户解决问题、为客户制造出世界上最好的产品、提供让客户惊喜的服务，最大限度发掘单个客户的利润。

第六章　做老板先要管好自己

　　从给别人打工到自己做老板，这个过程中需要改变的东西有很多。人们只知道老板是一个特殊的群体，却往往忽略老板还是一个孤独的职业。老板必须有异于普通员工的思维方式，他必须站得更高看得更远；老板必须为自己的每一个决策负最终责任，而负这种责任的代价往往不仅仅体现在物质上。员工可以有退路，但是老板没有；员工可以随时辞职，而老板却无法随性地撒手不干。事业是干出来的，老板是磨炼出来的，老板务必要在管理公司和员工的同时做好对自身的管理。下面的这些心得或许会对各位理想的成功落地有所帮助。

❼❹ 老板的形象很重要

"说给部下听,做给部下看",虽然这句话的出处不是很好,但非常有道理。

十多年前,我认识一个中关村公司的老板——王老板。王老板非常聪明,敢想敢干,当时生意做得有声有色,时常利用政策空隙打点擦边球,一年能挣百十来万,那时北京市的月平均工资才七八百元,一百万对大多数人来说简直就是一个天文数字。王老板为人也比较仗义,公司员工收入都不低,他比较喜欢吃喝玩乐,每次去消费总是带上公司几个骨干,大呼小叫,一派大哥作风,十分风光,最后所有消费老板买单。很多其他公司员工都非常羡慕,觉得王老板是个能成大事的人。

几年后,我在不同的场合陆续遇到了以前王老板公司的几个骨干,他们基本都跳槽了。我觉得很奇怪,于是找了个机会问王老板怎么回事。王老板一脸无奈:"唉,现在生意不比当初好做,竞争激烈。手下员工猴精猴精,本事一长,不是另立门户自己单干就是被同行高薪挖走了,人心不古啊。"原来如此。

过了些时间,在一次同行聚会上我又遇到了一个王老板公司原来的部门经理大孙,此时,他正在另一家公司担任同样的职位。聊天过程中,我又问起他从王老板公司离职的原因,我说当初在王老板那里不是挺好的吗,工资又不低还经常出去消费,多风光呀。大孙说:"待遇是不错,可我们总觉得跟王老板干没前途。做生意挣钱靠钻政策空子，每回出去喝酒，他还左手揽一小姐，右手揽一小姐，吆五喝六的，整个一黑社会老大。我们出来打工，是想找一有发展前途的公司，随着公司发展自己也能不断提升，收入越来越高。可是跟着王老板，我们看不到这种希望，总觉得朝不保夕，早晚公司得出事。王老板人不错，但大家出来是找正经工作又不是混帮派，所以我们陆陆续续都走了。"

听完大孙的话，我才知道，原来员工的想法和老板的想法差距这么大啊。想想也是，虽然并不一定老板爱好犬马声色公司就一定办不好，但出去一起消费还得找对人呀，和同行客户出去是应酬，和朋友出去是放松，想怎样都行，但在公司员工面前老板还得注意保持形象，否则员工谁跟你呀，又不是黑社会大哥要拔份儿。

:: 宋博士观点：

老板决定成败。就我的经验，老板的行为和心态在很大程度上决定了员工的行为和心态。如果老板不改变自己，就无法改变员工。因为企业所有的问题，归根结底都是老板的问题。好老板的唯一标准是：对自己、对同事、对自己部门和企业有责任心。

❼❺ 老板尽量唱红脸

每天公司里总有很多事发生,有的该表扬有的该批评,那批评和表扬到底该由谁来执行呢?

刚开公司时,找不着当老板的感觉,平素又最烦管人,所以员工有什么问题我很少说。结果公司员工自由散漫,谁也不服谁,工作无法开展。后来觉得再这样下去实在不行,于是开始板起脸管人,这下新的问题又出来了,公司里几乎所有的矛盾都集中到我这里来,经常有员工当面与我理论是非曲直,每天陷于日常琐事当中——这老板当得真郁闷。

后来与日本企业接触多了,发现不少奥秘。日本公司的总经理很少直接管公司普通员工,对公司底层员工可和蔼了,但他们经常当着员工的面训斥公司中层干部,而普通员工犯错误则由该员工的直接领导负责处理,当然月底发工资时总经理心里可不含糊,中层干部与普通员工之间差距相当大。这样公司不仅管理得井井有条,而且员工心里也比较平衡。

他山之石可以攻玉,说干就干,咱公司不大,好歹也有几个主管。于是开会明确职责,谁的手下出问题谁自己处理,别什么问题都往我这儿推。平常我一般只表扬好人好事,鼓励为主,而主管自身犯错时我也很少当众批评,通常是私下交流。时间不长,公司管理顺畅了,我在公司里的形象也大为改观,员工更尊敬我了。

打个不甚恰当的比方，我有时觉得老板对于公司有点像古代皇帝对于国家。如果皇帝很贤明而大臣很昏庸，老百姓通常觉得国家还是有希望的，大不了"清君侧"，换个大臣了事。而如果皇帝很昏庸，则老百姓通常觉得这个国家没希望了，开始琢磨造反改朝换代。咱当老板总不能让公司员工揭竿而起或用脚表态一走了之吧，**既然主管和部门经理工资比普通员工高还享受着公司岗位津贴当然应该为老板分忧，该唱红脸做恶人时就应当仁不让，而老板一般应保持一个超然的态度，置身于事件之外，旁观者清嘛**。不过部门经理需要支持时，只要没有原则性错误，我通常态度鲜明予以支持，毕竟维护干部的威信对于公司管理来说还是很重要的。

❼⓺ 避免当场做决定

影视作品、报纸广播里经常有这样的场景：领导干部现场办公或下基层走访，有人民群众扶老携幼涕泪滂沱地反映当地官员久拖不决的某些问题，领导同志大手一挥，无比激动地斥责那些不作为的贪官污吏，该免职的免职，该法办的法办，数年解决不了的问题几分钟之内现场解决，真是大快人心，爽！

这种"雷厉风行"的方法，在我等小公司里行得通吗？

当老板没多久，公司人员渐渐多起来，我的权力欲望也逐渐膨胀，常常脑袋一热手一挥解决问题。有一回，业务员甲向我投诉，另一个业务员乙恶性竞争抢他的客户，同一单生意故意报低价致使用户未从甲业务员处购买，公司也在利润上受到损失。我一听，非常生气，这种极端自私的行为如何能够容忍，于是贴出通知：此单生意，乙业务员不仅没有提成，而且通报批评，所有提成奖励归甲业务员。后来乙业务员反应激烈地找到我说该用户他已经跟了半年多，价格型号都基本谈妥，前些天有次他外出拜访其他用户时该用户打电话到公司落实细节问题结果甲业务员接了电话，过后甲不仅未转告乙业务员，而且还让用户直接找自己并许诺更多优惠，差点将生意搅黄。我听完后非常吃惊，又找其他几个业务员核实，乙业务员说的基本属实。唉，通告已经张贴了，这可如何是好？于是一通补救并制定相应规章制度避免以后类似情况发生。

　　过后反思：当初为什么不调查一下再作决定呢？如果乙业务员性格内向些没准不找我申辩直接开路走人了，而且公司其他员工又会有何想法呀。再回想以前经常快速作出一些鲁莽的决定，非常后悔，看来官僚的口头禅"这个问题要考虑考虑研究研究"还是有一定道理的。**过去的皇帝金口玉言，说的话不能随便改，今天的公司老板也不能不过脑子不全面调查随口作决定，否则天天朝令夕改威信尽失。**

　　现在员工找我解决问题我一般都说：行，我知道了，等我查一下，几天之内给你回复。这样类似错误就很少发生了。看来做事不能只图一时痛快，要全面考虑，职位越高越应避免当场作出决定。要不怎么很多人感觉大公司办事反应慢，估计如果大公司反应都像个体户一样快那大公司也就很快变成个体户了。

❼❼ 维持制度的稳定性

2007年回老家，坐一个亲戚开的车。亲戚刚拿驾照没多久，属于"实习司机"。一路上马路又宽又直，司机的手却在不停地动，左一下右一下，车也在画龙，我坐在副驾驶席上，虽然系上了安全带，但心里还是很紧张，嘴里话也少了，脚下直使劲。一路上旁边车道上的车不停地对我们按喇叭，还好，最后终于安全到达。回想十年前自己刚拿本时，已是老司机的弟弟坐我的车也向我说过同样的感受，当时自己信心很足丝毫不以为然，根本不理解坐车的人会有何种感觉，现在方才明白。

总结自己开公司，也经常犯类似的错。政策朝令夕改，看见别的公司有什么新章程常常一拍脑门拿来就用，过段时间发现效果不好又推倒重来，弄得公司上下无所适从。比方说提成奖励，原方案在出台一段时间后本来实践检验较为合理，员工也认可，可我在听完什么专家讲座和看完某本管理书后就立刻将其推翻并试图重新制定政策，结果会计抱怨不好操作，员工抱怨政策不合理，在一通折腾后不得不又改回原样。

现在常想，办公司和开车很像，老板就好比驾驶员，开车时车在路上跑，只要在本车道的两条白线之间就OK，不必时刻调整方向盘，否则司机累，乘客累，车还容易出危险，费力不讨好。同样的，**只要公司的运营**

在可控范围内不犯大错，政策就应稳定执行，保持连贯性，让员工心里有底。小公司老板权力集于一身，缺乏监督，制定政策更应该小心谨慎，不然公司政策经常调整，制度朝令夕改，只会令员工缺乏稳定感，认为老板总在算计自己，公司员工不跑光才怪呢。想想当初我们为什么承诺香港回归后体制50年不变，确实是很有道理的。

:: 宋博士观点：

　　有什么办法能减少变化，让变化有个度，让员工不疲于奔命？第一，要明白，变与不变常常不是企业老板说了算，企业必须根据外部变化做出适当的反应；第二，变化的速度有三个因素决定：大环境、企业所处的行业、公司自己的适应能力；第三，注意员工的应变能力，企业往往高估了内部适应变化的能力；第四，变化最终是个度的问题。

❼❽ 学会说"不"

中国人好面子,"不"字很难说出口,而老板又是公司的最后一道关口,有时不得不拉下脸说"不"。

我们公司有规定,公司的钱一律不借个人,当然,特殊情况可以预支部分工资。前两年,公司一个骨干员工找我聊天,他问:"如果公司里一个员工,对公司贡献是其他人的好几倍,公司会不会借钱给他?"对这个问题我真的很犹豫,想了半天,我说:"公司有规定,公司的钱一律不借个人。"他还不甘心,又问:"对骨干员工也这样?"我说:"这条规定对公司所有员工一视同仁,骨干员工工资奖金可以多发,可以优惠条件入股,但对于这项规定谁也不能例外。"随后我问是不是他自己要向公司借钱,他承认说他要买房子想借30万。我很奇怪,买房可找银行贷款呀。这个员工说找银行贷款要付利息和手续费,想着找公司借钱可以不付利息而且没有手续费。后来我了解到他已经有一套住房想着再买一套住房等升值挣钱呢。

回绝过一回,以后类似情况就好处理了。这些年,公司包括我在内的所有股东买房时钱不够都是找银行贷款,没人借用公司的流动资金。想想公司再有钱又怎能代替银行的功能满足公司所有人要求呢。

有时公司的不少规定都会遇到特殊情况，但在原则问题上老板一定要站稳立场守住最后一道防线，公司规定面前人人平等，所谓不患寡而患不均，只要开了先例以后遇到同样问题时其他员工就不好管了。法制胜于人治，治理国家是这样，管理公司也是这样。**当老板的该说"不"时就要说"不"，被人骂难受一下总比公司歇菜难受一辈子强**，有很多公司就因为老板抹不开面子而给别人担保或随意借款给人结果最后自己公司受牵连倒闭了。当老板的如果能从对自己公司负责的立场考虑问题，说"不"也不是那么难。

:: 宋博士观点：

要学会出于原则而拒绝，"虽然可能给人带来暂时的不快，但它却是建立持久新人的基石"，反过来，拒绝的前提是承担，真正的拒绝是出于责任心，而不是为了推脱责任。拒绝可以建立信任，而推脱只会把信任毁于一旦。

❼❾ 不要奢望在公司内部交朋友

刚当老板时不习惯管人，总觉得公司里应该人人平等，大家都是朋友，有什么事好商量。很长一段时间里公司管理很是混乱，制度形同虚设，员工犯错误的成本很低，大家日常基本是想干啥就干啥，月底工资还谁也不能少发。

一天，一个在大公司工作的朋友到我这待了半天，走时深有感触地对我说："你们公司管理要加强啊，我在这坐了半天都看不出谁是老板，员工既不怕你也不听你呀。"我听后觉得很有道理，但具体怎么做也搞不明白。后来问题终于集中爆发了，公司里贪污现象严重，效率低下，员工觉得没有奔头，几个骨干自己一合计决定单挑一摊，一时间十几个人的公司跑了七八个，一大半客户也被带走了。

好在此时我还有另外一个较小的分公司，刚刚新招了几个业务员。毕竟本人是白手起家，心理承受能力足够强，一咬牙重新开始。这次吸取教训，制定严格的规章制度并认真执行，管理逐渐进入正轨，业务也很快有了起色，一年后人员又恢复到十几个，利润也超过以前。

想想自己当初还是心态不对，认为自己的公司应像国有企业一样，人人都是公司的主人翁，人人都平等，大家自觉把事干好。纯粹是扯淡！公司内部大家利益不同，岗位不同，哪来什么绝对平等。虽然大家人格上是平等的，但岗位职权工资奖金上怎么可能平等呢？为什么除了垄断行业外，大部分国有企业都没了？

这也让我觉得自己从小接受的教育从根本上就不符合人的本性。当初《红灯记》里鸠山说"人不为己天诛地灭"一直被当作反面典型加以批判，其实我现在认为这话好像符合每个人自然的第一反应。世人熙熙皆为利来，世人攘攘皆为利往，连出家的和尚都明白这个道理。

当老板就当老板吧，甘蔗没有两头甜，我不再奢望与公司员工做朋友，一切按规章制度来，只要管理好公司，让大家尽量拿到更多的工资奖金，人人都上保险，骨干员工入股共享公司发展成果，对得起自己的良心就可以了。老板本来就是个孤独的职业，交朋友还是在公司以外吧。

要说规章制度，每个稍具规模的公司都有一大本，但不同公司的管理水平相差可大了去了，关键还在于规章制度是否被认真执行，同时也看老板能不能自己认可规章制度并亲自或安排专人监督落实。管理公司与管理国家有相似的地方：要法制不要人治。**公司不是靠老板与员工交朋友然后公司所有人都从心底里认可老板来管理的，而是靠执行必要的规章制度来管理的**，规章制度执行好了，对人员的管理就水到渠成，一切按规矩来，老板也不用一天到晚训斥员工。

其实，从办公司到现在，我没有骂过任何一个员工，有几次公司员工离职后又回来，原因竟然都是无法忍受新公司老板发脾气骂人。呵呵，不过我感觉现在我在公司还挺有威信，至少朋友来公司再也不会说看不出谁是老板了。

:: 宋博士观点：

小老板要做的是"事"，中老板要做的是"市"，而大老板要做的是

"势"。一个老板一生中至少要完成下面的四次转变：从管事到管人的转变；从管人到管规则的转变；从销售到营销的转变；从营销到战略的转变。不奢望在公司内交朋友，就是从管人到管规则的转变。

⑧ 不与下属争功劳

一次业务员小赵接了一张设备销售的单子，客户公司很有实力，但采购人员十分难缠，不仅在价格上斤斤计较，而且还不时提出各种苛刻条件。将近半个月了，小赵毫无进展，只好愁眉苦脸地找我来商量。我详细听他讲述了整个销售过程，逐渐看出了问题所在，小赵对用户的主要诉求未搞清楚，只在枝节上与客户纠缠。于是我给小赵分析了用户心理，告诉他只需如此这般用户一定能够拿下。小赵将信将疑地走了。

一周后的一个午休时间，我路过销售部门口，看见一群业务员围在一起，小赵正在人群中央口若悬河地描述自己怎样将那个难缠的用户拿下，做成了一笔大单。几个新来的业务员满脸钦佩的表情，不停地随声附和。我忍不住走过去，随口对小赵说："小赵，还是我分析的对吧？照我的方法是不是很轻松地就做成了？"小赵顿时满脸尴尬："对，对，还是经理你分析得准确，这回多亏你了。"

回到办公室，我心里忍不住也小小地得意起来。

事后一琢磨，不对，我怎么与下属争起功来了。回想当时小赵脸上的表情由得意转为尴尬，下回他还会再找我探讨业务上的难题吗？自己真是活得不明白，不该争的也争。

其实与下属争功真的毫无意义，一个好的领导应该是手下人员一个比一个强，恨不能所有人本事都超过自己，就像三国时的刘备，文不如诸葛亮，武不如关羽张飞赵云，可只要用好人，自己本事不行一样能成大事。当头也不容易，大部分人喜欢炫耀自己，希望得到他人的认可，所以有时会把别人的功劳往自己身上揽，更别说本来就与自己有关的成绩了。但如果你在经理或老板这个位置上就应该在某些方面压抑自己，如领导每回把下属的功劳都据为己有，可想而知，有本事的下属一旦有其他选择一定会跑个精光，因为跟着这样的领导将永无出头之日，剩下的不是无能之辈就是阿谀奉承之人。手下如都是这种人，估计领导即使能干出大事也会越干越累，越干越郁闷。

⑧ 办多大事做多大妥协

一般人刚从学校毕业时都是理想主义者，认为这世界上的事不是黑就是白，这世界上的人不是好就是坏，我也一样。随着工作经验的增长和公司规模的扩大，我发现这世界除了黑和白外，很大一部分是灰色的，世界上很少有绝对的好人和绝对的坏人，大部分人既有好的方面也有坏的方面，当他的利益得到保障时他就是好人，当他的利益受到侵害时他就可能成为坏人。理想主义者在这个世界里很难生存下去，大部分时候不作妥协办不成事。

有次公司销售部毛经理向我提出了一个建议：禁止用公司电话打私人电话，违者罚款。我想了想对他说："这个建议很好，就是无法操作，因为公司不能每时每刻监督员工都在做什么。既然无法执行的规定，干脆就别定了，否则既影响公司制度的权威性又让员工觉得公司不近人情。就像前几年实行的自行车税，由于操作太困难，收税的费用比税本身都多，后又不得不取消。"

毛经理很不服气地说："这种损公肥私的事情不管怎么行？"

于是我问毛经理："你父亲原来做什么工作？"

毛经理说："我父亲原来是北京某厂的党委书记。"

我又问："你小时候用过带单位抬头的信纸吗？"

毛经理说："用过啊，小时候在学校写作文我就用的那样的信纸。"

我说："你父亲作为一个书记都有时会拿单位的东西回家用，可见要完全做到公私分明基本上是不可能的。咱们管理公司员工就像跑步比赛时给每个运动员规定跑道一样，左边画一道线右边画一道线，只要他在两道线之间别出格就行了，水至清则无鱼，至于稍微有点偏差也就算了。员工打私人电话咱们只要控制住他不长时间占用电话线路，不打长途就可以了。"因为长途电话每月可从电话局打出费用明细清单，比较好管理，而长时间占用电话线路非常明显，也能够管理，所以公司对打电话这方面的制度执行得还不错。最近在公司对集团电话加装了录音设备后打私人电话的就更少了。

办公司跟做学问不一样，人是活的，社会是复杂的，每个人都与其他人不一样，每个单位都有自己的特点，**我们的日常经营活动，除了守住几条必要的做人做事底线之外，大部分时候不得不在环境的压力下随时做各种各样的妥协**，毕竟单个人的力量在整个社会面前实在是太渺小了。这地球上古往今来除了少数伟人能改造世界建立新的社会秩序外，其他大部分人都没有这个能力。既然改变不了这个社会，那就让我们调整好心态，做出必要的妥协来适应这个社会吧。

(82) 注重和员工沟通

有人的地方就有矛盾，公司里也一样，不仅员工的想法很多时候和老板的想法不一致，而且每个员工的性格相差很远，不同员工各自的想法也千差万别。这都要求管理者不断地去与员工沟通，了解他们的真实想法。

某次公司的售后服务部门与一个厂家签订了特约维修站协议，根据协议我们公司负责该厂家产品在本地的售后服务工作，厂家按照我们所修理产品的数量和内容向我们支付报酬。协议签订后，公司安排了两个维修员老张和小李专门负责这件事。

老张和小李都是售后服务部门的骨干，两人这些年业绩一直不错，每月个人收入在本部门也都是中上等水平，岗位调整后，两人的收入与原来相比没有明显差别，反而由于新职位不用每天外出上门修理，工作比原来更轻松了。

两个月后，小李向我提出辞职，我觉得很意外。小李在公司工作已经四五年了，一直踏踏实实，怎么会突然提出辞职呢？我问他辞职的原因，小李说他喜欢每天在外面跑，不断接触新客户，不愿意每天待在公司，感觉没意思，因此调整岗位后感觉很不适应，所以决定离职。我问他当初在对他岗位进行调整时是否和部门经理沟通过，他说当时他就提出异议，但部门经理觉得他最适合新的岗位，没有采纳他的意见。我对小李进行了一番挽留，无奈小李去意已决，最终还是辞职了。随后我赶紧找老张了解情况，问他对新职位是否满意。老张与小李截然相反，他对新职位非常满意，工作轻松了，收入也没减少，每天还不用日晒雨淋地外出，感觉太好了，他很感谢公司将他调整到目前的工作岗位。

吸取教训，此后每次进行工作岗位调整，我都会要求部门经理事先充分与当事人进行沟通，尽量照顾到每个人的兴趣爱好和自身实际情况，避免公司员工的无谓流失。

人与人之间的沟通是一门学问，良好的沟通可以防止矛盾的发生。无论是员工和老板之间还是夫妻之间，我们应该避免如下的想法：

我以为他（她）早就知道了；

我这都是为他（她）好，只不过没告诉他（她）。

许多你看起来理所当然的事对方可能根本无法理解，你不说对方没准永远不会知道。

:: 宋博士观点：

一个企业最大的财富就是企业的客户和员工。客户的价值体现的是品牌的价值；员工的价值根据德国大企业的比较研究结果，至少是企业净资产的5倍。因此，企业必须有效地发挥员工的力量，如何发挥员工的力量是一个企业成败的关键。而和员工沟通，是发挥员工力量的前提。和员工沟通能激发员工的热情，使员工更忠实于自己的企业，管理人员的决策也变得更为切合实际，企业的问题也能在还没有大得不可收拾时就得以解决。

❽❸ 平常心面对行业中的前下属

公司员工离职自己出去干或到新公司，大部分做熟不做生还做老本行，这样他们就不可避免地成为原公司的同行兼竞争对手，如何面对这部分人对每一个公司老板都是一个考验。

七八年前，我们公司只有十来个人，业务比较稳定，后来又成立了一个新公司做其他业务，当时我对新公司投入精力较多，对老公司疏于管理，自认为老公司员工都是跟我起家的，在公司也好多年了，有些还是公司股东应该没问题。现实与理想之间总是有差距的，不到一年，老公司一部分骨干员工一合计觉得经营公司也就这么回事，还不如自己单干挣更多的钱，于是几个人一起辞职，找了个老板投资自己干起来了。他们带走了不少公司老用户，还经常给没走的公司员工打电话挖墙脚，真是气死我了。

由于我公司掌握一部分产品资源，独立出去的几个人有时仍然想从我们这儿进货，对此我不予理睬，抱定决心老死不相往来，同时恨不得他们尽快倒闭。但中国市场毕竟是买方市场，可替代的产品太多了，这么做根本影响不了对方的业务。虽然后来那几个人成立的公司由于各种各样的原因最终倒闭了，可主要还是由于他们自身的原因而绝非我能左右的。那家公司倒闭后，有个原公司骨干曾想回我公司，对此我没有理睬。

随着个人经历的事越来越多,我的观念也在逐渐改变。现在,我的心态日趋平和,逐渐明白**有多大胸怀做多大事,对于离开公司的人大可不必敌视,反正你也消灭不了对方,所以只要与公司利益没有根本冲突还应该继续合作**。毕竟市场很大,每个人都有自己的生存空间,要想使公司继续发展那就多一个朋友多一条路,多一个敌人多一堵墙,自己太狭隘了不仅影响自身情绪而且路会越走越窄,同时并不会给竞争对手带来任何损伤。这两年,公司也有几个员工自己出去单干,他们目前都经常与公司保持联系,从公司进货,这也帮助了我公司成为某品牌产品在华北地区最大的代理商。俗话说得好,在商言商,没有永远的朋友,也没有永远的敌人,只有永远的利益,这一点估计南方人比北方人做得好。

❽④ 老板和员工的区别

大部分人会觉得：打工还不容易，拿多少钱干多少活呗，找个工作，合适就干，不合适就走，哪里给钱多就去哪，哪里职位高就去哪。理论上讲，以上想法都没错。

由于从小受的教育，一般人习惯把老板和员工放到对立面，觉得老板是靠剥削员工剩余价值才发财的，凭什么一单生意挣10000元才给我提成3000元，老板啥也不干白得7000元。其实没有人天生就只能给别人打工，也没有人一辈子注定当老板，打工的条件成熟后随时可以自己当老板，亿万富翁也没准有一天会破产重新去给别人打工。如果你觉得一单生意挣10000元自己提成只有3000元不合理，那你离自己当老板距离还比较远，因为此时你站的位置不够高，眼界不够开阔，你看不见这10000元是如何挣的，看不见10000元背后的广告费、财务费用、税费、物流费、通讯费、房租水电费、后勤人员费用等等，这些费用当你自己做老板时一样也不会少。

有些人打工时一点亏也不能吃，他们的口头禅就是：我就一打工的，拿多少钱干多少活，与我无关的别找我，让挣钱多的去干吧。这种想法对于打工者来说一点错也没有，但如果你不想一辈子只做最底层打工的，就应该改变这种想法，一点亏都不能吃的人很难晋升，因为你的老板和上级永远无法指望你为他分忧承担责任。换位想想：如果你当老板时遇到利益冲突，自己一点亏都不能吃，那只有手下员工吃亏了，每次都如此，你公司员工不跑光了也得郁闷死了。

平常遇到挫折和坎坷时，一般人第一反应就是推卸责任，明哲保身。当然，**趋利避害是人的第一反应，但如克服了这一自然反应，敢于承担责任，那么哪怕当不成老板，你也具备了从最底层员工向上晋升到管理人员的基本素质。**

前些年有次公司刚搬家不久，门市装修完毕后开张的当天，我正在打电话，外面进来一个壮汉，身高1米85以上，留着寸头，体重至少有200斤，一进门，他就大声嚷嚷：

"这谁是老板？谁让你们开张的？"

他一指店里的销售经理，高声问道：

"你！你是老板吗？"

销售经理吓得脸都变颜色了，结结巴巴地一指我说：

"不，不是我，他，他是老板。"

我看了眼来人，不紧不慢地放下电话回答道：

"我是老板，什么事？"

壮汉横眉立目："我是派出所的片警高某某，这片归我管。你们开张备案了吗？"

我说："从没听说门市开张还要到派出所备案，我们又不是特种行业。"

片警厉声呵斥："我说备案就得备案，你们先马上关门，什么时候开门等备案后我再通知！"说完转身出了大门。

公司里鸦雀无声，员工都大眼瞪小眼地看着我。

我说："没事，咱们又不违法，一个片警怕他干吗，该干什么干什么。"

一个星期后，我觉得时间差不多了，就让公司里一个办事比较老练的员工去趟派出所，看看是否需要补办手续。

过了两个小时，员工回来了，他对我说：

"经理，没事了，我去派出所登记了一个表格，吃了顿饭。片警一个劲抱怨说我们不给他面子，虽然我们有后台也不应看不起他。"

我说："咱没托关系，没后台。"

员工说："我也这么说，可他不信，他说没后台怎么不怕他不求他，还敢照常营业。"

其实片警刚进来时我也发憷，我还以为黑社会呢，可员工能闪一边去老板能吗？旁边公司其他人都看着呢，再说，我也没地方退呀。**当老板的基本素质应该就有绝不逃避责任这一条，当然这也是任何一个希望做大事希望不断提高的人所应具备的素质。**

老板很多情况下是公司最后一道关口，手下员工经理问题解决不了可以回避撂挑子，推卸责任，但老板不行，关键时刻老板不上谁上。

公司里时常可听到这样的对话，经理：

"小赵这项工作你做一下吧。"

小赵："我不做，这不该我做，再说我也不会。"

经理："不会可以学嘛，艺不压身呀。"

小赵："我可不学，学会后还不总要我干，我才不找这麻烦。"

小赵就是典型的打工者心态，类似对话估计每家公司都能听到。每个员工都有自己的岗位，按岗位拿工资做分内的事天经地义，但公司分工再细，岗位与岗位之间有时也会有模糊地带，部门间也会有缝隙，这部分额外的工作谁来做呢？个人如果想要发展，向上升到更高的职位或将来干脆自己当老板就不能只局限于做分内的工作。假如你是经理或老板，面对一个主动完成一些没人愿意干的棘手工作、自觉帮助本部门及整个公司做事的员工和一个事不关己高高挂起不愿多出一分力气的员工，你会提拔谁呢？公道自在人心。再说一个人如果只干自己手头这点工作，对公司其他部门和岗位的工作既不愿意做也不愿意了解，那他永远只能在最底层，无论他换多少份工作，因为他不仅没有向上晋升的素质也不具备向上晋升的能力。

经常有人对《没有任何借口》等书嗤之以鼻，大加批判，认为这都是巴结老板愚化员工的"无耻之作"。从一个一辈子只想在最底层打工人的角度来看，确实如此：凭什么老板让干啥就干啥，这不明摆着让员工吃亏受剥削吗？可一个人想要摆脱受制于人的命运并开创自己的事业，刚开始多干少说吃点小亏是不可避免的。无法想象一个只会抱怨不愿多学多干的人将来会飞黄腾达，西方谚语说得好：上帝只帮助那些自己努力的人。

:: 宋博士观点：

做老板和员工不一样，老板有三大不易之处：一是老板没人管；二是老板没有人教；三是老板应该做的事情随时间变化而变化，但没有会提醒。做老板的最难之处，在于老板的角色是漂移不定的，是随着时间而不断变化的。但老板必须做别人不做的事和别人做不了的事，而不是抱着自己喜欢的事情不放。

⑧⑤ 心有多宽事业就有多大

但凡成功的领导者，大多能够容人。人无完人，越是有本事的人越有点小脾气，而又有本事脾气又好还相貌端正的人肯定有，但你我都不一定有足够好的运气能将他招致麾下，即便真正碰到了如此完美的人，你准备给他开多高的工资呢？

公司 2007 年因业务急剧扩大需要招聘一名渠道部经理，广告登出后一名在行业内做了很久的业务员大孙打电话毛遂自荐。大孙我认识，很多年前就打过交道，业务能力非常强，在行业里几家大公司都做过，最近赋闲在家。我有些奇怪，一个能力这么强的人怎么在其他公司呆不下去呢？于是我给大孙前几任老板打电话了解情况。原来，大孙脾气比较大，时常和老板顶嘴，常常在老板批评他时一言不合就撂挑子走人了，所以这么多年来很少能够在一个公司待足够长的时间而得到晋升。像大孙这样个性鲜明的人能不能用呢？思前想后我觉得根据大孙的能力还是值得试一试，如果他真的很有本事那么他的缺点只要不是致命的就应该予以容忍。

大孙来了后在工资待遇方面并没有提什么过分的要求，只是希望在业务开展方面给他足够大的空间发挥，这要求很正常，我欣然同意。

几个月下来，由于人脉广业务熟，大孙发挥非常出色，公司渠道部的销量增加了近 50%，同行其他公司都明显感觉到了来自我们公司的压力。

半年后，迫于成本的压力厂家对几款产品的出厂价进行了调整，向上升了近10%。由于公司这几款产品库存非常小，经过与各个销售部门进行协商，公司将几款产品的批发价也向上做了相应的调整。此时同行有两家公司这几款产品还有大量库存，所以他们此几款产品的批发价向上调整的幅度不是很大。这一下大孙的批发业务受到了一定影响，因为经销商对于涨价不是很认可。

这天，我正在公司看报表，大孙打电话来了，他上来就嚷嚷：

"这活没法干了，市场上就咱们公司涨价多，别的公司没涨多少，经销商都骂死我了，你说怎么办吧？"

我解释说："咱们也是被动涨价，进货价涨了，出货价肯定得随着涨。咱们基本没库存，所以现在就得涨，别人库存多，虽然现在涨价少，但用不了多久库存出完了他们只会比咱们价格高不会比咱们价格低。"

大孙不知受了什么刺激而情绪激动，根本听不进我的解释，一个劲说没法干了，如果不向下调整价格他就辞职，末了还把电话给挂了。我心想怪不得他在其他公司都干不长，估计对其他上几个老板也是这态度，根本不把老板放在眼里，当时我真想打电话告诉他不干拉倒，辞职我接受。冷静下来后想了想，大孙除了脾气暴躁这个缺点之外，其他方面还是很不错的，业务能力强、为人热情、没有坏心眼、在销售方面确实是一把好手，要是真让他离职对公司是一个不小的损失。

于是等大孙冷静下来回公司下后我又找他谈了一次，我向他深入分析了一下市场，计算了其他几家公司那几款产品的大致库存，让他等几天后再看经销商的反应。至于辞职的事我连提都没提。

果然，一星期过后几款产品的市场批发价格普遍上扬，经销商又纷纷找大孙提货了。

这次风波过后，一切如常，大孙又恢复到了以前的工作状态，我也当任何事情都没有发生过。有时候想想当老板也不容易啊，公司里明明有的人自己不喜欢，但是如果他的存在对公司有利，就还是容忍他，想当初唐朝的开国皇帝李世民对魏征的态度也是如此啊。

❽⑥ 在学习中不断成长

据统计，世界五百强的 CEO 大部分是做销售出身，其次是做财务，估计小公司老板也是销售出身的最多。市场是决定公司兴亡的关键。进入 21 世纪后，新技术层出不穷，市场变化极快，这就要求公司负责人不仅要对新事物敏感，而且要好学并善于学习。

十几年前公司刚成立时，销售主要靠门市和报纸广告，由于以前的职业经历我比较了解报纸广告的作用，所以当手里自有资金只有几千元时公司每月的广告费就达一万多元，真正是"当了裤子打广告"，由于思路对头，销售局面很快打开，在同行难以置信的目光中公司的零售额在本地区同行业中迅速前突。

进入 21 世纪，互联网热潮席卷而来。这以前，由于行业的关系，我基本不上网，对互联网只有耳闻，没有亲自实践。根据各种信息，我觉得互联网极有可能取代传统媒体，成为人们获取信息的主要渠道。于是赶紧添置设备，找专家学习网络知识。一上网才知道，网上世界真是多姿多彩，虽然当时只能拨号上网，速度很慢，但这仍足以让我感觉到互联网的魅力。尽管我觉得公司没有能力整个转型进入互联网行业，但把互联网作为工具促进公司本身业务的发展还是不难做到的。

时间不等人，我赶紧聘请网络方面的人才，迅速建立了公司自己的网站。光有网站不行，还得让客户找到，于是又在各种门户网站上做推广，慢慢有了点效果。后随着不断观察，公司广告推广重点逐渐锁定了搜索引擎，说实在的，我们基本上是同行业里搜索引擎的第一批广告客户。随着传统媒体广告效果的不断减弱，公司广告重点也慢慢由报纸广播转移到网络，近两年，我们已经完全停止了在报纸等传统平面媒体上的广告投入。再看市场，相当一部分同行在公司老板对报纸广告效果越来越差的抱怨和不解声中销声匿迹了，真是一步赶不上，步步赶不上。

老板不仅要懂本行业的专业知识，而且对于公司日常运作中遇到的各种问题都要有所了解。 对于大部分小公司来说，在公司所有岗位上都聘用相关领域的专业人才是不现实的，老板时常要身兼多职，不仅要负责销售，还经常要亲自招聘并对公司的财务进行审计。

有次公司招聘一名会计，应聘人员来了足有四五十个，大部分人的简历写得天花乱坠，看起来相关经验都十分丰富，只根据简历根本无法判断应聘者是否具有足够的相关实践经验、能否胜任公司的会计工作，而一个一个让他们到公司会计岗位上试也不现实。于是我在面试中加入了几个财务方面的实际问题，其中一个是根据公司目前的业务情况，应该多少时间盘一次库。如此简单的问题应聘者的回答却五花八门，有人说一天盘次库，有人说一星期盘次库，有人说每月盘次库，有人说每年盘次库。几个问题下来，每个应聘者的实际操作水平我就基本了解了。这次招聘选出的会计十分理想，现已在我公司工作五六年，成为公司的财务主管。

有时候大家会注意到一个有趣的现象，公司里升得最快或最先单独出去创业的往往并非技术最好的或销售能力最强的人，常常是能力中等或中等偏上但各种职位基本都能胜任的"万金油"式人才。老话说得好：艺不压身。越是综合性人才，发展空间越大。所以好学是一个人成功发展的必备素质。古代的军队统帅不都经常要求"上知天文，下知地理"吗。

宋博士观点：

一个企业，要想在未来的世界里有自己的立足之地，除了学习，别无选择。如何有效地学习？秘诀一、带着问题学习，学习能解决实际问题的知识；秘诀二：全身心学习，把自己的所有器官（眼睛、嘴巴、耳朵加上"心灵"）一起用上，学习的效果会翻翻；秘诀三，提出好的问题。秘诀四，找到适合自己的老师，关键是"适合"，而不是"最好"。

作者后记

书写到这里暂时告一段落。回想起来，做老板除了辛苦之外其实感觉还是蛮不错的，至少这为自己提供了一个可以随意发挥的舞台：在公司这一亩三分地上，政策由自己定，人员由自己选，钱由自己分配，做得好不仅自己挣了钱，还为社会提供了很多就业机会，做不好也没什么可抱怨的，因为毕竟已经努力过了，知道了自己的真实能力。

据统计，全球新成立的企业5年后生存率不到10%，我认为新成立的企业能否活下去关键在于老板。作为老板，不能怨天尤人——或抱怨市场环境，或抱怨天灾人祸，因为这并不能解决任何问题，想想同样情况下你的竞争对手正活得好好的，甚至还在不断扩张，你为什么不行？

所以停止抱怨，立刻开始着手去做吧！老板生来就是为了解决问题的。经过这十几年的风风雨雨，我觉得办企业只要善于学习并坚持不懈，在中国目前的经济环境下还是可以很有作为的。

（编辑注：作者从 2008 年至今，在天涯论坛上陆陆续续发表了自己多年的公司管理经验和技巧，其间还与网友们进行了认真诚恳的互动问答。网友们把自己在管理实践中遇到的困惑提给作者，作者根据自身管理实际经验对网友们的问题一一作出解答。本附录就是本书编缉从这些互动问答中摘编出的数十个典型，是作者在管理方面的真知灼见与网友们在管理方面的难题和疑惑的精彩碰撞。希望能对更多有着相同或相似困惑的管理者读者们提供帮助。另，作者的天涯网名为"小臭臭的父亲"。）

附录一：作者与网友互动问答

问答一：财务总监缺不了

网友"庄子之徐无鬼"问：

我有个亲戚开公司好几年了，目前公司有五百多人，年营业额上千万，但同时每个月的应收账款达七八百万。现在公司没有得力的收款人或者是对外独当一面的人才。当然这是个家族企业，不过里面的人能力都不行，大家在公司几乎是靠吃拿卡要的。我家亲戚因为业务繁忙，这些问题明明知道，却也只能干着急，想请高人来治理，又一时间找不到合适的人。业务开发时都是所谓的"见子打子"，"有钱赚就上"，"有资本好赚钱"。目前，听亲戚的意思是要找一个财务经理健全公司财务制度、杜绝漏洞，另外再招一个副总经理专职收款和对外业务！可我感觉仍然不是个办法，好像小企业下面的人"吃拿卡要"、占公司便宜的事情很普遍，要招到能力强的副总估计也是难度颇大，这样的人估计也可以自己做老板了，哪会跟别人打工？你说有解吗？

作者"小臭臭的父亲"答：

庄子之徐无鬼，你好。

找个好的财务总监吧。我公司对于应收账款的管理是但凡公司里的员工，上到总经理下到普通销售，应收上款一律不得超过四十五天，否则停发工资及一切报销并不得再出新货直到收回货款为止。每个人根据不同的职位设定应收账款上限，超过上限则不得再出货，特殊情况还需由经理签字批准并由经理承担连带责任。

问答二：80后员工怎么管

网友"金砂东路走九遍"问：

臭臭爸：本人情况如下。

公司有三个人，年营业额数百万。老婆管理日常工作。今年一个员工因偷东西辞职了，一个因经常偷懒也辞了，后来只剩下一个表现一般的，不过倒变成精英了，呵呵，工资我给他提了三次。

但现在我就头痛，因为又来了一个偷东西的，还有两个只会胡闹的80后男孩。半年下来，我反反复复招了不少人，可以说什么人都见过了。但现在留在公司的只有两个十分沉闷的人。我尝试带他们去唱KTV和喝宵夜酒都没有用。他们总想着能不能多点工资少点干活，而对仓库的货物保管视若无睹，还上班迟到，除非我自己坚持早到。本人今年32岁，对着80后的小弟我可以黑脸，但现在都是我同龄的员工，我如何黑脸？

有时候想起，像现在这数百万资产，不如就开个夫妻店，省点心好了。跟他们作斗争好累啊。

请臭爸来指导一下。

作者"小臭臭的父亲"答：

金砂东路走九遍，你好。

你招聘员工的年龄范围可以稍微扩大点，不一定非要招80后。至于迟到问题，定好规章制度，买一个几百元的指纹考勤机就解决了。留住员工不能靠吃吃喝喝，但小公司留人靠高薪也不现实，试试员工入股等方法吧。

问答三：只要做，就有机会

网友"我的卡布奇诺"问：

看了楼主的帖子，这几天一直在反省。正如楼主所言：隔行不挣钱。我那段开饭馆的经历就说明了这点。我家上下几代人连个卖油条的人都没有，而我却脑子一发热独自开了个近一千平米的饭店。接着就像楼主所说：厄运从此开始了。

管理上出现一堆的问题，从前厅到后厨没有哪个地方是正常的，采购、库房、财务每个部门都是赶鸭子上架。每天从早忙到晚累得腰酸背痛还不见成效。隔三岔五的还得应付工商税务局、卫生局、城管甚至派出所等各个部门。结果饭店经营是一塌糊涂，几乎月月亏损，扛了近一年，实在坚持不下去了，终于出手。

现在回想起来都觉得不可思议，自己在餐饮方面几乎一窍不通，不赔钱都怪了！还有在经营中遇到了一些细节问题，比如借钱，店里几乎80%以上的员工都借过钱，也有个别借完钱跑了的，后来我虽然也规定过员工不得向店里借钱，可是每次员工张嘴我又不好意思拒绝。

还有一点就是我的思想里从一开始就觉得应该跟员工处得像朋友一样，甚至期望每个员工都能以店为家，都能像对待自己家的店一样来负责工作。现在想想那是多么幼稚的想法啊。老板就是老板，员工就是员工，这句话我会记一辈子。

作者"小臭臭的父亲"答：

我自己单干是在大学毕业后的第三年，刚开始挣点钱后又赔光了，还欠了一屁股债。后来碰巧天上掉下来一小块肉饼给我，我也正张着嘴瞎等呢，于是吧唧吃着了。接下来就是公司成立，后又反反复复，分分合合，幸未倒闭。个人觉得，只要做就有机会。瞎猫碰见死耗子绝非偶然，因为瞎猫一直在努力寻找。

问答四：怎么落实股份制？

网友"又上征途"问：

楼主你好，一直在拜读你的作品。现有一事相求。我现在经营几家小的零售店，有二十多个员工，有几个还跟了我两三年，想给他们股份；其他的员工尽量是签订合同。但所有操作一直都不成熟。请你指点一下，能不能给个股份合同或者员工合同的样本来参考下，我也想挣更多的钱。望你不惜赐教！

网友"清风明月与谁同坐"问：

楼主公司有百人左右的规模，年销售额几千万。通过看文章，知道楼主的公司应该是在北京，人工成本和其他经营成本应该比较高，看来楼主从事的行业暴利啊。现在什么行业的销售能达到这么高的利润呢，真羡慕。

另外，楼主给员工的股份很值得这里正在上台阶的弟弟妹妹们借鉴。

但是，看楼主的描述，又不像是给的期权。如果就是实打实给的股份的话，不知道楼主公司股份的估值体系是怎样的，每股的价格是怎么计算出来的。而且，按照公司法，如果是正式入股的话，你五年后三倍赎回的做法似乎经不起推敲啊，假如遇到较真的员工，必定会是个麻烦。此外，你讲每年的60%拿来分红，是指公司税后利润提出公积金后包括你自己在内的分红总数，还是这60%都是给员工的？如果都是给员工的，是不是意味着你在公司中的股份占不到40%？这样的话，对于你这样的企业，丧失了绝对的控制权是不是一种危险？

作者"小臭臭的父亲"答：

　　股份制也不是万能药，它只能解决部分问题，公司管理千头万绪，各位千万不要觉得有什么一劳永逸的方法。至于入股协议范本，建议大家用搜索引擎找找，再根据自己的实际情况修改。如果公司情况比较复杂，最好找个专业律师给把把关，省得日后起纠纷。

　　"清风明月与谁同坐"，兄弟对行业利润率感兴趣，其实利润率高的行业太多了，比如汽车修理行业。如果年流水一千万，养四五十人不成问题。卖产品是次要的，卖服务才是根本。

问答五：真的不能奢望在公司内部交朋友吗？

网友"hefei1a"问：

　　"不要奢望在公司内部交朋友"，这点真的不可以避免么？

　　一个公司的起步阶段，只有3~4个人，这段时间是最难熬的，时常面临打击，压力很大，如果没有几个志同道合的伙伴一起面对，能过渡到10人的阶段么？

　　何况创立初期，有谁会和你一起干呢？一定是熟悉得不能再熟悉的并且是特别信任的人才肯和你一起去创业，他们才会给你最大的支持，不管是精神上，还是经济上。

即便真的是不熟悉的人，在面对创业初期的风风雨雨时，能够共同患难，难道还不能生出情谊么？

一个笨人，彻底外行的理解。别拍我，只是看楼主写得好，忍不住评论下，错了的话就无视吧？

作者"小臭臭的父亲"答：

兵无常势，水无常形。世界上没有绝对的正确，自己觉得合适就坚持下去吧，不过再好的朋友合作也必须明确谁是公司的老大。

问答六：怎么向老板提建议？

网友"19780126"问：

楼主的帖子已经拜读，启发颇深。

我的问题是：我是公司的小股东，而你的贴子，我也让我的大股东看过。但他目前不能认同和理解你的很多做法。我该如何让他理解和接受这么多吸引人的政策和措施呢？这也是目前让我感到非常焦虑的一件事。公司经历了五年多的积累，仍然还处于刚刚解决温饱问题的阶段，况且也接二连三地出了许多问题。是不是我的大股东的思想认识和学习能力都跟不上市场的发展了啊？恳请指教。

另外，我公司的大概现状是：创业五年，由当初两个人到目前的十六个人。

我也曾给老板提醒过多次，但他多数情况下都是从下属身上找过失。很遗憾，遇到这样的老板。我该怎么办？

作者"小臭臭的父亲"答：

当老板的可能都比较有性格吧，直接指出老板的不足他会接受不了。另外，老板与你看问题的角度不同，对公司的发展，他会有自己的想法。建议多于大股东沟通，采用婉转的方式，提出具体的建议。

问答七：该给哪些员工股份？

网友"Zjhzshp"问：

我在经营一个十六个人的小公司。非常认同你的观点。不过有以下几点：

一、在股份上，我觉得有点疑问，我认为给不给股份主要是这个员工或不或缺；

二、公司有些如成本之类的数据全员都透明，但副作用也蛮大的，因为经营时肯定有一些公关费用之类的，那可是属于天知地知你知我知的；

三、太多员工持股对于公司的经营特点等一些机密信息保护得不是特别好。

作者"小臭臭的父亲"答：

股份根据不同公司实际情况只给你认为该给的员工就行了。

我认为公司情况让员工知道得越多对公司越有好处，当然一些经营上的细节该保密还是要保密，而且股东除了公司正常的财务数据外，经营上的事情该知道多少仍应根据职位而定。至于灰色费用，总数可以对股东公布，细节保密。交易想要完全在阳光下进行，估计在现有的市场环境下估计不太可能，毕竟生存还是第一重要的。

问答八：关于规章制度和流程的执行

网友"zangtoto"问：

请问楼主，公司制定了这么多规章制度和流程，可就是执行不下去，大家该怎么干还怎么干，有什么好办法呢？

作者"小臭臭的父亲"答：

先制定最重要的制度，并讲明制定制度的理由，安排专人监督，领导带头，天天强调，再狠下心来，违者该罚的罚，循序渐进。没有捷径。

问答九：怎么杜绝售后服务人员干私活？

网友"混的不太好"问：

臭爸你好，请允许这样称呼你，我对你在售后服务这一块的管理非常感兴趣，因为我公司目前就遇到这样的瓶颈。

我们现在的状况是：第一，因为需要上门维修，所以员工可以做到收了维修费不开单给公司从而私自贪污；第二，我们的售后服务分为保修期内免费和保修期外收费两种，这导致售后人员保修期内不愿意上门，保修期外抢着去。

我现在的实际操作是：请了一个专门做售后服务进行调度的客服人员，每个来电都详细记录，并安排售后。不过有的师傅就是安排不动。我们采用的是轮号上岗制度，经常有维修师傅抱怨安排不公平，所以客服人员很多都干不长久，因为安排不动。在安排不动方面我也制定了具体制度：比如，无正当理由不去维修的罚款50元给下一个号码的人去，但是有时候某个师傅宁愿被罚也不去（我们这师傅的工资包吃包住每月大概可拿到1500元左右，国内三线城市），所以在这一块我现在感觉力不从心，我们这个行业竞争很激烈，售后服务最关键，所以还望臭爸前辈指点迷津，不胜感激！

作者"小臭臭的父亲"答：

不知贵公司从事的何种产品的维修业务。维修人员干黑活基本上是无法完全杜绝的，但可控制在一定范围内。

你可以试试改变发工资的方法：

第一，每月必须完成规定的工作单数才发基本工资；

第二，提拔一个技术好的维修做客服，由他在电话中与客户沟通好，定死维修价格，安排任何一个维修员去只是修理收费，不再与客户讨价还价；

第三，维修员干完一个工作单后立刻向公司汇报，客服在第一时间回访客户，落实维修及收费情况；

第四，适当开除最调皮捣蛋的员工，无论他技术有多好；

第五，如有可能，维修员按工作单个人技术及客户满意度发工资，不做利润考核。

问答十：怎么与思想陈旧的员工"和平分手"？

网友"bob533"问：

楼主，你好。非常感谢你分享的经验，我想问的是怎样解聘思想陈旧的员工，比如中层管理人员，他们的绩效考核、任务职责完成得都合格，但是他们的思想跟不上时代发展，还有一些中层管理知道企业一些商业机密。怎样与他们和平"分手"？

作者"小臭臭的父亲"答：

多谢捧场。所有考核都合格的中层为什么要解聘？这种人总比思想先进考核不合格的人要强得多吧。如有可能，建议公司给思想陈旧的中层提供学习培训的机会，毕竟培训提高公司目前的中层比重新外招一些不了解情况的中层风险要小得多，而且这会让公司其他员工觉得在公司干有奔头。如果实在要解聘一些了解企业商业机密的中层，建议做好沟通，或先将其调离敏感岗位，一段时间后再采取下一步行动。以上建议仅供参考。

问答十一：库存控制要合理化

网友"不动声色的岁月"问：

关于库存商品的问题，楼主能否多讲一下。

我们现有的库龄较长的库存，虽然已经推出特价销售，但是业务员积极性都不高。

另外像你说的那种管理方式，库存商品的备库是由谁来下达指令采购的？这样如果库存控制措施太过严厉，是否会造成现货不够的现象从而影响销售？该如何权衡？

作者"小臭臭的父亲"答：

业务员积极性不高可能是思想工作没跟上，如果不擅长做思想工作那就在销售库存商品时适当给以物质上的奖励。

库存商品备库由各部门经理负责，谁进货谁负责销售，卖不出去从当事人利润中扣除，每件事一定要有责任人，这样责任人自己会权衡备多少货最合理。宁可现货不够也不随意进货。

问答十二：怎么对付公司里的亲戚？

网友"snaild"问：

我也是从三个人的小作坊历经十余年发展到八十余人的小型公司，其中的滋味只有自己知道。如今公司发展良好，却由于亲戚的加入让我进退两难。

哥哥和弟弟于六年前进入公司，我把公司的股份按三份平开，心想着钱不就是用来改善人的生活质量的嘛，不用计较，何况是亲兄弟，大家过得好就行了啊。也做了书面约定，我是决策者。

但是事情没我想的那么简单，随着兄弟的各自成家，问题来了，或者说关系复杂了。首先我的很多决定受到了阻力，没法执行。拖欠工资使员工对公司和老板的信任荡然无存。六年前公司从未拖欠过员工工资，总是按时发放。但自从哥哥（会计师）主管财务后至今（五年）工资几乎没有按时过！员工意见很大，我屡次和他沟通思想，屡次是闹得不可收拾。我知道问题在哪儿，他们缺乏管理意识，就如你说的：又不是不发工资，只不过稍微晚几天！相比六年前公司的规模是大了很多，但管理可以用一塌糊涂来形容。每天的大事小情让我焦头烂额，老员工走了三分之一！剩下的也没有积极性，什么事都不肯做主都指望着老板

作者"小臭臭的父亲"答：

个人觉得还是要看你自己怎么想，其实很多人创业的时候都碰到这样的问题，有些人觉得自己亲人比较靠得住，有些人觉得亲人难管理，这些问题可能还有中国的一些传统东西在里面。我觉得公司就是公司，应该制定些合理适用的规章制度并不断去完善，制度制定出来就是创业者自己也应该去遵守。在公司，就没什么哥哥弟弟七大叔八大姨的，都是公司一分子，这样对其它员工也会公平一些。对于员工工资，个人认为只能在规定的日期之前发（如节假日什么的），一定不要拖员工工资。

问答十三：中层要与上下级合理沟通

网友"2头猪游西安"问：

我现在想解决的问题：一、我最想解决的就是让 A 以后直接找我，而不是老和老总打交道。她越级报告的做法让我吃不消；二、让 A 至少不怠慢我，不要什么事情都拖；三、融入商场日常工作当中，再不要当个局外人。

你是老板更能理解和解决我的问题，拜托赐教，让我赶紧脱离困境吧。

作者"小臭臭的父亲"答：

2头猪游西安，你好。你遇到的问题大部分人在职场都会遇到。可能你参加工作时间不是很长，处理人际关系不够圆滑，建议你买些这方面的书看看，另外与你的顶头上司及同事多沟通，一定明确你和同事每人的职责，尽量不要有交叉的地方，遇到问题尝试站在对方的角度考虑考虑。祝你工作愉快。

问答十四：公司资产状况要向股东透明

网友"温柔大骗子"问：

你好，花了一晚的时间把你的文章读到底了。自己现在刚好就是在一家大的公司入了股，老板也是按但凡入股的就多送一倍的管理股。好比总额是 500 万，我投 25 万，就分到 10% 的股份。但是这个 500 万在我看来，公司应该并没有那么多的投资，而老板肯给这样的分红，作为属下的我又不好去跟老板较真。你有什么看法呢？（老板说过太计较做不了事，还说如果是要追加投资他会负责同时不影响我们分红的比例。我觉得公司可能用不了 500 万，这很难说情，不过公司账面上有些钱肯定会更方便。）

作者"小臭臭的父亲"答：

其实作为老板，当吸收员工入股时，应向员工公布公司的资产负债表，让员工心里明白公司到底值多少钱，不过公司的价值不光是净资产，还应包括无形资产和赢利能力等。按你所说的方法入股怎么也比把钱存在银行合算。

问答十五：如何对付不讲信用的合作伙伴

网友"漳州王朝"问：

做我们这行最主要的是资金的把握 并不在于自身拥有多少资金，为了扩大营业面、留住客户，欠账就在所难免。以前经济形势好，基本收款只是时间问题，而如今经济危机源于信贷危机，不讲信用的人越来越多了，导致我呆账坏账的可能性加大。2008 年年终盘点坏账时发现坏账吃掉了我一年的盈余。我迫切希望如何解决扩营和欠款这对矛盾的有效方法。臭爸如此丰富的人生阅历，请指点一二。

作者"小臭臭的父亲"答：

漳州王朝，你好。做生意无论什么行业都一样，要有所为有所不为，无论这担生意看起来多么挣钱，只要对方信誉不好又不当时付款也必须放弃。发展当然很重要，但一时间不可能把所有看得见的钱都挣到自己兜里。有时候放弃更能体现一个公司老板的智慧。

◀ 问答十六：要明确老板和员工的关系

网友"xzzfjlms"问：

臭爸一直在关注你的帖子，学习中。现在工作中出现问题了向你请教：

一、一个小公司的老板要和手下员工保持什么样的关系？

二、现在有一个员工让我给他涨工资，说不涨就辞职。他负责的一个比较重要的工作只完成了一半，如果中途换人，损失会挺大。我该怎么办？

作者"小臭臭的父亲"答：

一个小公司老板和手下员工就是老板和员工的关系，虽然你可以在各个方面帮助他们。

员工要求涨工资首先先做下市场调查反省下自己，是不是该涨咱给忽略了，如确实该涨，那就涨吧，虽然心里不舒服。同时要看下公司其他员工是否还有同样情况，如有同样情况在公司承受范围内一起涨。如该员工属于无理取闹关键时刻拿公司一把，你又觉得放弃项目损失无法承受那只能委屈一下，小不忍则乱大谋。待忍过此时再搜集资料准备秋后算账。

◀ 问答十七：怎么让业务员认可提成比例？

网友"自在也飞花"问：

楼主真是个勤劳的人，希望楼主一直坚持下去，让我们可以有地方学习。是这样的，我现在管理的这个公司和我有关的一共有十个人，主要销售建材。工作流程一般是由门市部的营业员接到有客户想做花园装修时，再报到销售部，由我派业务员上客户家测量和沟通，然后下订单和生产，完工后再由业务员收款，此时工作完结。我是以这单的销售额来计提奖金，现在感觉这个业务不好分，不知道怎么分给手下的业务员，怕他们认为我对人不公平。因为我们这个业务有时去了工地，也不见得谈提成。底薪是有的，而且也不低。请教一下楼主，这样的问题怎么处理？

作者"小臭臭的父亲"答：

　　自在也飞花，你好。你公司的操作方法很好，接单的人不上门谈业务，上门谈业务的人接不着单，这样比较利于对业务员的控制。至于提成分配问题，你最好将公司详细运营费用向每个业务员详细讲明，让他们知道并不是每个工程的所有毛利都可以拿来分配，公司有很多各种各样的开销。然后根据当地本行业平均水平和少数骨干业务员共同制定出提成比例，这样大家对公司费用有了全面了解，应该就容易接受你所制定的提成比例了。

问答十八：怎么制定销售目标？

网友"bob533"问：

　　请教楼主怎么订销售目标？订得过高，业务完不成；订得太低，某些人完成了本月的目标，就把手上其他的单子留到下月，这样"钻空子"，是公司不想看到的。

作者"小臭臭的父亲"答：

　　bob533，你好。订销售目标一般是根据以往的成绩加10%到20%的标准来设定。超额部分会有额外奖励，这样业务员留单现象就会减少。另外也可按照季度考核，以减少每月考核的波动性。不同行业淡旺季不同，制定任务时要考虑到。虽然有时业务员销售任务超额很多，今年拿到了高额奖励，但明年制定任务时会在今年销售额上再增加，所以公司还是得到了更多好处。

问答十九：关于老板和员工的"人性"分析

网友"男犬"问：

你好小臭臭的爹，我们不能否认的是，不是所有的人都能保持清醒和理智。我们会被老板的一些蝇头小恩惠冲昏，或许这只是老板的一种策略，无论这种利益是物质还是精神。更重要的是我们当中有不少人存在着非分的欲望，对老板的期待很高，这就是个巨大的弱点，人就是因为某些过分的贪婪而被人利用，如果人人都相信"权力和地位＝金钱"，老板就容易多承诺一些，或者容易描绘一些海市蜃楼，让我们去追。

到头来，他基本成功了，我们却落空了。

不知道臭臭父亲怎么看待我对员工的这样的分析和对老板的这样的分析？

作者"小臭臭的父亲"答：

男犬，你好。

员工和老板都会有自己的欲望和私心，只要双方能妥协到某个平衡点，公司就能运作下去。

员工一般只会从自己的角度考虑问题，自己干了多少活，为公司创造了多少利润，自己应该挣多少钱，他会认为自己的劳动强度不能高于行业平均水平，自己的收入不能低于行业平均水平，公司的福利待遇都应该在行业平均水平之上，至于公司交税房租广告费等各项支出他是不会考虑的，至于个人的能力和对公司的贡献他也觉得不应与收入挂钩（除非他的能力高于平均水平）。当然也有个别人会跳出普通员工的思维方式，站在更高的位置全面地看待问题，这种人一般要不会很快在公司得到提升要不将来很容易跳槽得到更高的职位或者自己成功创业。但对于大部分人来说，都会从刚开始工作抱怨到退休，一直觉得自己受到不公平待遇，一直受到剥削和压制，天下老板都黑了心了。通俗地说是他们只看到贼吃肉没看到贼挨打。

至于老板，也都是些普通人而绝非什么圣人，特别是刚当老板的人，一般都急功近利，天天想着怎样用最少的成本获得最大的利润，但是只要不是黑砖窑的老板，大部分老板都受到法律和市场环境的约束。法律规定有最低工资标准，规定必须给员工上劳动保险，市场有行业平均工资，老板给员工工资太低一是招不到人，二是即使招到人也留不住，所以再贪婪的老板也过分不到哪去。至于老板多得些也没什么不合理，要不谁还出来费力当老板，打工多省心呀。再说老板永远比员工承担的压力大风险大，公司不灵了员工可以抬腿就走人另谋高就，老板无法辞职只能死扛甚至搭上所有身家，公司出问题了首先抓的是老板和法人，很少有把普通员工抓起来而老板没事的。当然老板当到一定时候很多人心态会逐渐平和，更加注重和员工分享，追求心理上的平衡和宁静，但这是一个漫长的过程，要不怎么说培养一个富人只需一代而培养一个贵族至少需要三代。当然也有老板自打开始创业就明白这些道理，我觉得这些凤毛麟角的老板要不能成为大企业家要不就是圣人。

问答二十：老板的许诺一定要兑现

网友"gghhjj7505"问：

小臭臭爸爸你好：

我是一家小企业的老板，最近有件事让我头疼。公司有一个重要的业务骨干，能力很突出，我让她在公司的两个连锁店入股了（现金入股），并且年初我提拔了她做一个分公司经理，在提拔之初工资待遇什么的都已经说得很清楚。由于她这几个月工作做得突出，她要求加薪（要求比她同级别的人高），同时交上来一份辞职书。意思很明显了：不加薪她就辞职。（其实她不愿意离职，因为最早她刚进公司时，就提出过额外要求，我曾答应过她，所以才导致今天我很被动。）我很矛盾，不知道怎么处理。请教臭爸指点迷津，不胜感激。

作者"小臭臭的父亲"答：

你好。如果当初你答应过她额外的要求那就应该给她，老板在公司里可是"金口玉言"呀，下回吸取教训不要轻易对员工做许诺。不过对该分公司经理不能让其平白无故地比其他同级别的人多拿，至少让其承诺并且做到比其他分公司业绩要相应高出一块，否则就不公平了。

员工能主动和你沟通要求涨工资其实是好事，总比不言不语辞职要强。

问答二十一：别在意"弄虚作假"的表扬

网友"ksoldier"问：

臭爸你好，看到你写的"表扬的艺术"一段，有些想法想向你请教一下，在我工作的企业里，也是比较注重表扬带来的正激励作用，对于各项工作的开展确实起到了很好的作用，但在实施的过程中却出现了为了要表扬而弄虚作假这样的不好现象，对此有什么好办法解决？

作者"小臭臭的父亲"答：

ksoldier，你好。习惯成自然，为了表扬一直弄虚作假，弄着弄着变成习惯了，表扬的目的就达到了。难道我们应该吝惜几乎零成本的表扬吗？

问答二十二：开公司的目的是赢利

网友"地里的老鼠"问：

小臭臭的父亲，你好，请教点问题，一个月前开始出来自己打天下了（设计方面），现在下面五个人五条枪（电脑）。大部分职员是自己大学同学的表弟表妹之类，然而公司刚开始做，事情不是太多，问题就出来了。这些小孩子把公司当成网吧了（上班打游戏，我说不能打，他们就看碟；我说不能看碟，他们就听歌，还边听边唱；我说不能唱歌，他们就看小说），平时我们是五天八小时制，住宿上班都隔得不远，周末时他们竟然在公司通宵打游戏。现在的状态我该怎么去做好？谢谢了。

作者"小臭臭的父亲"答：

地里的老鼠：你需要迅速调整好心态，公司不是慈善机构，公司存在的目的是盈利，作为老板，你要对整个公司负责，而不是对亲戚朋友负责。慈不掌兵，再往下不用我来说了吧。

问答二十三：日常事务和战略问题哪个重要？

网友"知本家1974"问：

楼主你好，大作我已拜读到最新。老板如果沦陷于日常事务，那岂不是浪费资源吗？我觉得老板是投资人，是做战略的人，不应该参战，更不应该限于日常事务。公司上轨道后，老板应该寻求职业经理人来做日常管理，老板应该像鹰一样寻找下一个投资目标，这样才能不断地壮大企业，成就霸业。个人观点，不知是否合适？

作者"小臭臭的父亲"答：

小型公司靠老板，中型公司靠管理，大型公司靠文化。对于大部分像我这个层次的公司来说，太大的战略一时半会儿也不是很好找，所以管理工作可能是日常的重点，毕竟不是所有的公司都能做到世界五百强的。我觉得当老板不是一件大事，而是一万件小事，不知你意下如何？

问答二十四：老板的"级别"

网友"围人生城"问：

以前将马云看作偶像，但现在对他那样的特别优秀的企业家所讲的东西感觉审美疲劳了。那些东西太博大也太空旷，听起来云里雾里的，跟坐过山车一样，带给你刺激，下来后其实也就那么回事。而现在你的东西，用四个字来概括：太实用了。良师益友，真可谓良师！

作者"小臭臭的父亲"答：

谢谢支持。马云我可比不了，与他不是一个级别的老板，看问题站的高度也不一样。可能老弟和我正处于同一个层次，容易沟通吧。

问答二十五：新管理人员如何在公司树立威信？

网友"cai268"问：

一直很欣赏臭爸的管理心得，希望学得一招半式。我现在有个困扰如下。

我家是做教育这块的。一直以来都由我一个亲戚管理学校，自从我2006年毕业也来到这个学校，我便雄心壮志得想搞一番名堂。

但其手段是何尝的……比如说吧，他暗地里答应管理层说要加工资，但这财务是我管。他没办法要征求我同意，我没同意（期间一个学期前已经加过，我想不能那么频繁，但对员工来说谁都不服）。他就暗地里指示管理层向我施压。我没办法，因为我才接手，没什么经验。请问我怎么避免这种情况出现，还有怎么去禁止这种情况发生，我怎么样才能得到我应得权力呢？

作者"小臭臭的父亲"答：

　　cai268，你好。这世界上有数学神童，围棋神童，电脑神童，但很少有哲学神童和企业家神童，因为这后几项基本与人的智商关系不大，需要社会经验和人生阅历的积累。所以如果一从学校毕业就直接坐到企业领导的位子上确实难度很大，别人也会不服。试试放低姿态，多与员工沟通，尽量站在对方的角度考虑问题，其他就靠自己的悟性和经验及时间的积累了，威信是靠干出来的。

◤ 问答二十六：不同职位的员工的意见差别

网友"sharpsaber"问：

　　老板准备开一个新工厂，把原来外放的一道工序自己做。从这里看了不少帖子，也有了自己具体的一些看法，想书面提交给老板看看，不知道可否？老板从来没有说征求过我们的意见，倒是说了不少开新工厂的好处，我的建议大部分是消极的，甚至提到了如果失败会怎样怎样。

　　对了，我们公司不大，我是公司会计，已经在公司干了三年。请臭臭爸指点。

作者"小臭臭的父亲"答：

　　这些年我发现一个规律，当公司要上新项目时，销售人员总是比较冲动，提的意见也基本都是积极的正面的；而财务人员总是比较保守，提的意见大部分都是消极的负面的。所以如果你有建议，可以大胆地向老板提出来，因为即使消极的也是你作为会计应尽的职责，至于最后的选择，老板自会权衡而定，应该相信你的老板能够做出正确的选择。

问答二十七：行政绩效管理者如何处理部门间的矛盾

网友"yanzi009"问：

臭爸遇到了部门之间的主管闹矛盾咋办？主管闹矛盾是因为要调生产线，对机器调试的工程主管和部门主管之间产生了矛盾。部门主管是师傅升起来的，喜欢指手画脚；工程主管对机器修理比较有经验，可能不能接收那位主管的指手画脚。

另一个班组是由于老板提升了其中一个员工做组长，另一位员工心里不服而产生对立。

对这样的问题感到很棘手。期待你的解答。

而且我现在刚接手做绩效管理，发现老板善变，想怎样就怎样，不知如何是好，公司实行绩效管理已经有好几年了。

作者"小臭臭的父亲"答：

不同部门主管之间闹矛盾很正常，有人的地方就有矛盾。通常的解决方法是明确不同部门的责任和任务，划分好各部门主管的权利，尽量减少交叉部分，谁的事情谁做主并承担所有责任。

对于提拔员工，最好有明确的考核指标并事先公布出来，这样大家心服口服。如果有人没有充分理由的对新领导不服，而新领导本身又无法解决这个问题以至影响正常工作，应该由上级领导对妨碍工作的员工另行安排。

在绩效管理指标上，老板善变这个问题比较要命，员工会无所适从且不服气，建议你与老板多沟通，让老板考虑全面后再颁布，并给新发布的政策定一个有效期或试用期，这样即使政策有问题或外部环境改变了，到一定时候也可名正言顺地改变考核指标了。如果老板不接受你的建议，以你目前的职位也只能这样了，毕竟谋事在人成事在天。

◀ 问答二十八：管理业务员的几个有效方法

网友"hjblp"问：

我在经营着一个年营业额两千万，资金流水在二百万左右的家族批发站，但是我的营业额总是上不去，工人的素质也是一直没有什么提高。我总结了一下我最大的不足，就是业务人员的管理不到位，可是业务又是一个最难管理的职务，导致我的总体营业额上不去。我知道你所说的高工资，可是我的主营业务是粮油，意味着我的毛利很低，造成业务人员流动性很大。所以想让臭爸爸指点迷津。不胜感激。

作者"小臭臭的父亲"答：

hjblp，你好。你所遇到的问题是包括我们公司在内的很多公司面临的共同问题。你可以试着从以下方面努力一下：加强业务员的思想工作，让他们尽量认同公司，认同公司的文化；工资奖励要合理，可分为月收入、季度奖和年度奖，如此随便辞职的人肯定会有损失；做好每个业务员的职业规划，让他们有上升空间，有奔头；建立完善的客户档案，记录每一个客户的每一笔交易信息，将客户掌握在公司手里，而不是掌握在业务员手里；可成立专门的客服部门随时与客户联系，逢年过节由客服出面而不是由销售人员出面向客户表示一下，这样即使业务员流失公司损失也不大。还有其他很多种具体方法需要你自己动脑筋去想了。

◀ 问答二十九：主管要强化自信心

网友"dawei1218"问：

有个问题想请教臭臭爸！是关于个人自信心的。我以前是单位的组长，由于工作认真、踏实肯干，受到员工及领导的肯定，被提拔为主管。

但我有一个缺点，就是没有自信心，因为我有轻微口吃（平时没事，一紧张就有，还怕讲故事）。我担心树立不了权威，反而会被大家笑话。我试了很多种方法，却一直改变不了缺乏自信的毛病，怎么办？

作者"小臭臭的父亲"答：

权威不是靠说出来的，既然领导提拔你做主管，证明领导对你的能力是认可的，以前员工和领导没有因为口吃而笑话你，以后也不会。当众发言大家都发憷，多练习就好。刚开始可以先准备好书面稿子，有的放矢，慢慢就会习惯的，头些年在公司召开四五个人的会时我都会紧张地发抖，后来就好了。自信是做出来的，只要肯努力，你就没问题。

问答三十：给新老业务员合理分配客户

网友"candle72"问：

不知道臭侠公司的客户是否是主管分配？如果是主管分配，那业务员的销售业绩很大程度上取决于主管分配客户的质量。分配客户质量高工作量低而业绩漂亮，分配的客户质量低则反之。这时候，如果上墙业务员会很不服气。

我公司（做外贸的）目前就遇到这个问题；业务员提成也是根据销售额走，这更引起新进业务员的强烈抱怨（因为合作时间长的好客户肯定都在老业务员手里）。这样下来，老业务员日子相对舒服，新业务员干则很苦，收入还低。我也曾考虑过把老客户提成率降下来，但那样肯定会引起老员工的强烈反对。如果把新客户提成大幅提高，则公司成本又会大大超出预算。苦恼中，请教臭侠了！

作者"小臭臭的父亲"答：

candle72：我们公司与贵公司不太一样，我们是业务员每天轮流接电话，这样大家机会均等。按照你们公司具体情况，看看能不能参考以下保险公司的管理方法，对第一年合作的新用户提成比例较高；对老客户，主要交由销售内勤去做，每年提成比例逐步降低，这样可激发业务员不断去开发新用户。当然，具体步骤要仔细考虑，因为这会损害目前老业务员的利益。

至于业绩是否上墙，可根据自己公司实际情况定，我公司的方法只对部分公司适用。

问答三十一：开公司的乐趣之一

网友"寂静的小树"问：

员工没找对，后患无穷。

一、第一个员工，虽然出来工作有二三年，但性格倔强。因为我说了他几句，他就冲了出去再也不回公司。我目瞪口呆。

二、招了一个吃里爬外的员工，她居然是为自己的男朋友开公司来卧底收集资源的！我直接晕倒。

三、不上进，天天上班混日子，最后只好辞退他。这类型较普遍。

四、公司最痛恨的员工。背地里抄公司的单，潜伏在公司，机会来了，狠狠给你来上一刀，抢了单子就跑了，让公司蒙受巨大损失。

作者"小臭臭的父亲"答：

好在不是所有员工都是上述四种人。加强管理吧，其实这也是开公司的乐趣之一。

附录二：网友精彩评论

干脆就写个《中小企业错误大全实录和分析》，哈哈。

——网友"三巴三草"

讲得很实在，其中的很多问题很多人在创业初期也会碰到。

——网友"dgbin"

我大学即将毕业，楼主的帖子为我马上开启的创业之路扫除了许多初期问题。

——网友"创业通宝"

实战经验，受用颇深。如果早看到楼主的文章也许就能少走很多弯路，减少大笔损失，只可惜损失现已无法挽回了。不过，相信看了作者这些文章对我再次创业会有很大的帮助。

——网友"我的卡布奇诺"

楼主的帖子不错，很多问题都是我正在面对的。看得出楼主是个实战高手，怎么说也是摸爬滚打过来的，这些经验很宝贵。

我现在最大的问题也是在管理上。我不愿意管人，总觉得大家要都像兄弟一样；总认为我很坦诚地对待员工，员工也一定会坦诚地回报我。但现在看来是完全错了。终于明白，不能过多地讲个人感情，最关键的还是讲管理制度。

——网友"swb0002"

不错，很感性，适合阅读。

——网友"里仁为美1"

写得很不错，看了很受用。我也在经营着一家小公司。与当初创业时的饱含激情不同，现在既要管理又要守业，还真不是件容易的事。虽说员工不多，可以说是很少，但管理起来一样要费精神。

——网友"圣雪公子"

见到过的最务实，最通俗的管理贴。

——网友"农夫_马房山"

用心血换来的经验，楼主是真诚的传道者，谢谢。

——网友"雪原灵狐"

楼主把多年来的教训经验悉数贡献出来，全是真知灼见啊！几个实战案例，就比大部头的管理书籍和光盘要实用得多。

——网友"baixiaodong"

看到楼主所说的"简直可以写一本小企业犯错大全"，一下子忍俊不禁。每每回首叹息，都感慨自己犯过的错误岂不也是一箩筐！楼主有能耐把那些经历娓娓道来，发人深省，处处共鸣，我相信一定可以帮不少人少走弯路。

——网友"handan0"

在公司里人脉很重要。如果不能将员工的目标和公司的目标紧密联系起来，会很难发展的。如果设置的福利让员工感觉是理所当然的那就等于白设了。

——网友"FeverQuiet"

很精品的帖子！老板管利益，利益管手下。看来西方国家的公司所用的那套把人物化的管理制度是经过历史考验的。

——网友"leocon"

如果说柳传志张瑞敏这样中国企业界的泰山北斗影响了一代又一代的"国家级企业家"，那么楼主至少也称得上是一位企业江湖中的资深剑客了。楼主厚积薄发，内力深厚，很有大师的风范。

——网友"mjubio"

　　阅读了、学习了、领教了；剩下的就是灵活使用了！

——网友"wangwkui"

　　人生就是一本书。里边的故事就是学问。谢谢分享。

——网友"tianye8681440"

　　做个老板容易吗？尤其是做个女老板，或者是老板娘，学的东西还真多！

——网友"hnyyy666"

　　尽管我现在还是个打工的，但是看了楼主的文章也收获颇丰。这是公司管理的圣经，特别对于创业者和小公司而言。说到底，做老板也是做人，会做人就肯定能够成就一番事业。

——网友"暗黑雷达"

宋博士简单管理系列
宋新宇 著

让管理回归简单
——宋新宇博士帮你抓住管理的要害

宋新宇博士针对企业中最棘手、最现实的管理问题，从六个方面，即目标、组织、决策、授权、人才、老板自己，为管理者提出简单易行的解决方案。这些方法立竿见影，帮你抓住管理的要害，让管理变得简单。

让经营回归简单
——宋新宇博士帮你突破增长的瓶颈

让经营回归简单就是让自己（老板）、战略、客户、产品、员工、成长和学习简单。宋博士告诉你经营的秘诀，帮你迅速突破增长的瓶颈。读完这本书，你将会明白：

为什么最容易做的是第一　　比利润更重要的是什么
为什么要裁减客户　　　　　如何在一个弱势行业增长
如何做到让客户主动来找你　做老板的不易之处在哪里
如何避免老板常犯的37个错误　如何把企业做大
为什么家族企业也可以做大　最好的顾问在哪里

让用人回归简单
——宋新宇博士帮你解决用人难题

"得人才者得天下，得人心者得人才"，认清和顺应当今人才管理的八大趋势，运用正确的人才管理方法，才能立于不败之地。

宋新宇博士在本书中从"用人的原则、用人的难题与误区、用人的方法、用人者的修炼"四大方面给中小企业的管理者们指导，帮助他们找到适合自己企业的用人之道。

涨价也能卖到翻
——提高客单价的 15 个黄金法则
[日]村松达夫　著

厂家、商家都在抱怨：毛利太低，卖得再多也不赚钱！

作为日本知名营销专家，作者针对这一困境告诉你：其实消费者是愿意花钱的，你一定有办法让他高高兴兴地把钱掏出来！

作者在书中，分享了他经过多年实践总结出的 15 个黄金法则，以帮你提高客单价，即让每个顾客在你的产品上、在你的店里掏出更多的钱，让你的东西涨价也能卖到翻！

卖轮子——选择最佳营销方式
[美]杰夫·科克斯　霍华德·史蒂文斯　著

这是一本特好玩的营销启蒙书，没有枯燥的概念、没有抽象的案例，有的只是古埃及的一对夫妇和他们的四个销售员一起把石头轮子卖到全国各地赚了大笔钱的神奇经历。

你不必期待用这本书解决你关于营销的所有疑惑，但你一定能享受一次妙趣横生的阅读之旅。我敢打赌，这一定是第一本你能够一口气读完的营销书！

中层领导力
——来自世界 500 强的中层内训课
[韩]崔秉权　姜珍求　金贤基　韩桑烨　著

本书由韩国四位著名领导力专家合力完成。他们来自企业管理现场，通过真实的职场故事，塑造了好中层、坏中层两个形象，帮助中层管理者认清自身管理上的不足，快速提升领导力，更好地激发团队工作热情，实现下属、自身、企业的多赢！

以下为送给中层的"六面镜子"：

无能上司造就低能下属　　　监工上司造就爱搞小动作的下属
独裁上司造就盲从下属　　　自命不凡的上司没人帮
推卸责任让下属无所归依　　工作狂上司身边充满好吃懒做的下属

新书预告,敬请期待:

边干边学做老板
——一个小公司老板的日常管理

黄中强　著

员工百余人,年销售额几千万,问题几百个。像这样的公司该怎么管?

一个成功的资深老板,会把自己十多年的心得透露给你吗?

是的!

这是一个小公司老板写的关于公司日常管理实践的书,还未出版就在天涯论坛"管理前线版"阅读40余万次!

本书将作者在公司经营、管理中的经验教训全盘托出,介绍了做老板必须注意的86个要害。对广大企业经营、管理者有着巨大的借鉴价值!

同时,作者绘声绘色的讲述,一定会在启迪管理智慧的同时,博得你会心一笑。

学话术　卖产品

张小虎　著

一家企业的终端导购员成千上万,真正能说会道的导购员往往只有百分之一二,其他导购员多数抓不住顾客的心。企业需要运用一套标准的销售话术,让导购员知道该和顾客说什么、怎么说。

本书把"顾客进店"直到"最后成交"这个过程细分为十个环节,分析常见的顾客异议,提出破解方案,将复杂的销售程序化,将优秀的话术模块化,让普通导购员也能成为销售精英。

张小虎,长期致力于终端销售话术标准化的研究与实践,著有《终端阵地战》一书。曾两度接受央视经济半小时节目专访,米尔顿·科特勒为其颁发"中国十大创意人"金奖。

为什么你的公司没长大

田友龙　著

小老板的哪些不良习惯阻碍了自己和企业的进步？为什么小老板忙得昏天黑地企业却矛盾重重？为什么小老板煞费苦心却无人可用？面对金钱小老板如何才能摆正心态？什么样的书才对小老板有用？为何小老板要成为企业家有如登天之难？小老板的出路在哪里？

10年时间、1500多个县城、1000多位小老板，为本书作者提供了能近距离接触、研究小老板的机会，从而将小老板的众生相在笔端刻画得淋漓尽致。辛辣的讽刺和批评掩盖不了作者希望小老板成长、发展的良苦用心，更值得小老板们反复思量。

产品炼金术
——打造畅销产品的新思维与好方法

史贤龙　著

本书从重新认识产品的价值、策划畅销产品、制订产品策略、新产品开发、产品线整合、产品生命周期、产品驱动三阶段、产品管理团队的领导、产品驱动的进化等问题出发，告诉你打造畅销品的新思维与好方法。

史贤龙，上海博纳睿成营销管理咨询公司董事长、首席顾问，在中国营销界得到广泛的认可和好评，曾经帮助嘉士伯（Carlsberg）啤酒、青岛啤酒、贵州醇、茅台不老酒、致中和酒业、金丝猴集团、喔喔食品等百余家企业解决营销管理难题。

流程管理

张国祥 著

作者把20年的流程管理和流程咨询经验全部总结在本书里,以中外理论研究为引、实践经验为纲,图文并茂地讲述了:认识流程管理、流程解析、流程设计、流程优化与流程再造、项目体验、观察与思考、流程设计图实例这7个板块的内容。本书按照由易到难的逻辑顺序,先从基本概念出发,一步一步带领读者走进流程管理的世界。

读这本书,实现流程管理从无到有、从有到全。

营销破局八大策略

崔自三 著

对众多的中小企业来说,突破营销瓶颈、提升销售业绩十分必要。本书从八个方面分析企业营销困局,并指出行之有效的破局策略。

结构上采用"困局—破局"的思路,先抛出常见的问题,然后系统地给予解决方案,让读者对症下药、拿来即用。

崔自三,著名营销实战培训专家,曾担任中国啤酒行业四强金星啤酒集团全国营销总监。著有《八闪十二翻——超速营销突破法》,中国第一部励志、实战营销小说《挑战》,经销商研究专著《做一名会赚钱的赢销商》。

做好白酒营销的第一本书

唐江华 著

在新一代的消费观念和剧变的市场环境共同作用下,白酒行业面临着前所未有的机遇和挑战。纵观市场上的白酒品牌,各领风骚三五年,一个市场上一年倒下一个品牌、甚至三个月倒下一个品牌的案例数不胜数。如何能避免这种"宿命"?本书将与多数白酒厂家一起,专门探究这个问题。

唐江华,华泽集团开口笑公司品牌部长。从一线业务员到销售总监,在酒类行业滚打十几年,洞悉行业秘密及行业趋势,擅长酒类新品推广、新市场拓展,上演多起市场起死回生的大戏。是《销售与市场》《糖烟酒周刊》《酒类营销》《新食品》《中外食品》《华夏酒报》等多家行业媒体的特约撰稿人。

老板，你的费用浪费在哪里？
——刘孝明老师让堵住漏洞的企业更具生命力

刘孝明　著

这是一本老板想让管理层细读、管理层想让老板思考的书。

这是一本让老板看了后又惊又怒、让员工看了后又爱又恨的书。

作者针对企业费用严重浪费的现象，从理论到实际、从实际到感悟、从感悟到解决方法，直指中小企业种种费用流失的根源，点中堵住漏洞的要害法则。

想减少浪费、堵住漏洞？那就看看这本书吧。

网上做生意就这么简单
——中小企业现学现用网络营销

张进　著

这本书告诉你：网络营销应用技术并非高深莫测，企业完全可以自己掌握，业务员和技术员就是企业最好的网络营销专家。从现在起，建立你的网络营销团队，让你的订单忙不过来！

作者以自己十几年的实践经验和研究探索为基础为你解读：

你的企业适合怎样的营销方式，如何建立并管理好网络营销团队，如何提防网络诈骗……

张进，曾担任多个企业的管理者，现有自己的网络营销公司。多年来积累了丰富的案例，见证了不同行业企业网络营销的成功之路，在此分享给后来者。